面子和风险态度的经济学分析

An Economic Analysis of face and risk attitudes

毛磊 ○ 著

北京师范大学出版集团
BEIJING NORMAL UNIVERSITY PUBLISHING GROUP
北京师范大学出版社

图书在版编目(CIP)数据

面子和风险态度的经济学分析/毛磊著.—北京：北京师范大学出版社，2018.1
ISBN 978-7-303-21773-1

Ⅰ.①面… Ⅱ.①毛… Ⅲ.①农村劳动力－劳动力流动－研究－中国 Ⅳ.①F323.6

中国版本图书馆 CIP 数据核字(2016)第 305326 号

营 销 中 心 电 话 010-58805072　58807651
北师大出版社高等教育与学术著作分社　http://xueda.bnup.com

MIANZI HE FENGXIAN TAIDU DE JINGJIXUE FENXI

出版发行：	北京师范大学出版社　www.bnup.com
	北京市海淀区新街口外大街 19 号
	邮政编码：100875
印　　刷：	北京京师印务有限公司
经　　销：	全国新华书店
开　　本：	787 mm×1092 mm　1/16
印　　张：	10.75
字　　数：	150 千字
版　　次：	2018 年 1 月第 1 版
印　　次：	2018 年 1 月第 1 次印刷
定　　价：	48.00 元

策划编辑：马洪立	责任编辑：薛　萌
美术编辑：袁　麟	装帧设计：袁　麟
责任校对：陈　民	责任印制：马　洁

版权所有　侵权必究
反盗版、侵权举报电话：010-58800697
北京读者服务部电话：010-58808104
外埠邮购电话：010-58808083
本书如有印装质量问题，请与印制管理部联系调换。
印制管理部电话：010-58805079

序　言

经典经济学理论假定人类在做抉择时是风险中性并且仅仅最大化物质利益。本书不同于经典经济学理论假定，而是从行为经济学视角分析风险态度和社会映像问题。本书的第1章探讨，在田野环境下，人们不同的风险态度如何影响他们的迁移抉择。本书接下来的两章探讨：人们是否愿意牺牲物质利益来维持自己或者他人的社会映像及人们是否在映像上表现出互惠行为？

风险态度是指人类怎样意识、领会并且对可预知或不可预知的事件做出反应。在证券市场上，股票交易员必须对上市公司不断变化的股票价格做出迅速反应，并且在买进和卖出股票前，对操作可能带来的潜在收益和损失进行估计；在信贷市场上，信贷经理必须对公司的资质和竞争力进行评估，并且在给公司贷款前估计违约风险。在做决定的时候，人们需要估计失败和成功的可能性并且估计他们能承受多大程度收入的变化，所以对个人风险态度的研究对理解经济行为是极端重要的。

对于固定概率风险、不确定性概率风险和策略性风险这三种不同不确定性进行划分，这对于理解风险态度是非常重要的。对于固定概率风险，决策者知道每一种结果发生的可能性；而对于不确定性概率风险，决策者不知道每一种结果发生的可能性；而对于策略性风险，每一种结果发生的可能性不仅仅取决于决策者自己的选择而且也是由其他决策者的选择而决定的。

本书第1章探讨人们的风险态度是否和他们外出迁移相关，具体来说，即哪一种风险态度能够更好地决定他们是否选择外出迁移。确实，跨国和跨地区的迁移已经成为世界上一个普遍和重要的现象。根据联合国全球迁移统计（United Nation global migration statistics），跨国迁移者的数量在最近几十年增长迅速。在2013年，全世界有2.32亿人跨国迁移，占全球人口的比率为3.2%。从经济视角来看，劳动力迁移对在劳动力市场上有效配置劳动力资源发挥着重要作用。然而外出迁移对计划外出迁移的人来说是一个关键和充满风险的决策。计划外出迁移的人可能在流入地面临不可预测的生活环境和面对工作竞争。除此之外，迁移者不得不放弃在他们家乡的社会网络，而对是否能在流入地构建一个新的社会网络仍不得而知。总而言之，外出迁移是一个充满多种不确定性的过程。然而在当前文献中，对个人风险态度和他们外出迁移决策之间关系的研究是相对比较缺乏的（Jaeger et al., 2010，Williams and Balaz，2012）。此外，具体哪一类风险态度能够解释个人的外出迁移决策仍旧没有得到回答。

在本书第1章，我们利用一个在中国进行的拟田野实验（artefactual field experiment）来收集田野环境下激励相容的个人风险态度数据，并且将此数据和个人是否外出迁移进行联合分析。在流入地的外出迁移者和在家乡的留守者被召集和邀请参加这个实验。我们将留守者分为两类：一类是居住在有较高比例外出迁移者地区的留守者；另一类则是居住在有较低比例外出迁移者地区的留守者。对于这两类留守者的比较使得我们可以控制因为外出迁移过程中可能存在的自我选择原因所导致的人群风险态度分布发生变化——更偏好风险的个人首先选择迁移到其他地区，而更厌恶风险的个人则选择留在他们的家乡。

激励相容的任务被用来诱导实验参与者对固定概率风险、不确定性概率风险和策略性风险的态度。我们的结果表明外出迁移和更高的策略性风险态度相关——相较于居住在有较多外出迁移者地区的留守者，外出迁移者在竞争性环境中表现出更高的竞争性倾向。此外相较而言，居住在中国东部的实验参与者和居住在中国西部的实验参与者在固定概率风险和不确定性概率风险上表现出显著的区别。居住在中国不同地区的实验参与者在风险态度上的这种差别表明，由于中国渐进转型为市场经济导致市场经济制度在中国东部和中国西部的影响力上存在差异，而这可能导致当地居民的行为偏好差异。

本书第 2 章研究个人行为是如何受到映像和群体身份的影响。目前经济学文献已经确认来自其他人社会赞同所造成的正向映像和违反社会准则而导致的负向映像会极大地影响个人行为（Johansson-Stenman and Martinsson，2005；Alpizar et al.，2008；Ariely et al.，2009；Lacera and Macis，2010；Johansson-Stenman and Svedsater，2012）。在不同的国家和社会，这种获得社会认同的动机也是普遍存在的，比如维护自己和他人脸面在儒家文化中受到特别的强调。

本书第 2 章研究人们是否愿意放弃他们的一部分物质利益来维护自己和他人的映像——在一个工作群体中，要求表现最差的人公开暴露可能会造成一种尴尬。我们的设定允许测量维护社会认同的动机如何使得人们偏离完全物质利益最大化策略并且表现出维护自己和他人映像的趋社会性（pro-socially）行为。在我们的实验中，人们可以损失一部分物质利益来避免自己或其他群体成员公开暴露。此外人们之间的社会距离通过引入群体身份来构建，人们或者和具有相同群体身份的人进行配对，或者和具有不同群体身份的人进行配对（Akerlof and Kranton，2000）。

本书第 2 章发现大多数表现最差的人选择支付一定成本来避免自己公开暴露。相当比例的实验参与者愿意损失一部分物质收入来避免其他人丢脸。不管群体成员间的社会距离发生什么改变，实验参与者都表现出这样的利他行为。此外，表现最差的成员的公开暴露使得他们在下一阶段的努力程度发生显著变化——在其他实验参与者前公开暴露表现最差者在实验的下一个阶段减少了努力程度。这意味着对表现最差者的公开暴露挤出了他们努力工作的内部激励。

这些发现填补了之前的研究空白，发现映像对趋社会性贡献、合作和努力程度等都有着重要影响。这意味着人们不仅仅关注他们的自我映像而且也在意其他人的映像，即使这会减少他们的金钱收益。人们愿意维护其他人的自尊对分析人类社会交往和联系提供了重要启示。

本书第 3 章将对映像的研究扩展到互惠行为。该章特别探讨人们是否在映像上表现出互惠行为，以及映像互惠的存在是否影响人们的努力程度。实验中存在的互惠作为一种重要工具使得人们愿意关注其他人的收入并使得总体福利取得帕累托改进（Kirchler et al., 1996, Fehr et al., 1998, Fehr et al., 1997, Fehr et al., 1998, Fehr et al., 2002, Falk, 2007, Blumenstock, 2011）。和这些经验研究一脉相承的是，经济学家已经将互惠行为包括在理论模型中以更好解释人类行为（Charness and Rabin, 2002, Falk and Fischbacher, 2006）。

然而当前大多数经济学文献聚焦于人们在物质利益上的互惠行为，在本章我们将关注非物质利益存在的互惠行为，具体来说则是映像互惠。在贸易谈判和商业交往中，人们保持互相尊重和避免在公共场合引起尴尬是非常明智的举措。正因为这种社会认同和尊重的重要性（Ellingsen and Johannesson, 2007, 2008a），维护了他人自尊和避免他人尴尬通常被认为是一种友善行为，并且常常获得对方的善意回报；相反伤害其他人的自尊或者没有采取行动来避免他人的尴尬常常会招致对方的报复。

本书第 3 章的实验设计使得实验参与者能够对对方的善意行为用公开表扬的方式进行回馈以验证正向互惠行为；另外，实验参与者能够通过避免对方优秀表现受到公开表扬的方式来惩罚对方之前的非善意行为。本章最后检验映像互惠的存在是否影响人们在任务中的努力程度。

我们的实验发现实验参与者正向回馈其他人在映像方面的善意行为，此外我们也观察到非直接的互惠行为——实验参与者回馈其他人对第三方映像的善意行为。与此相反，我们没有发现实验参与者报复其他人在映像方面的非善意行为。从问卷中收集的数据显示受到公开暴露的表现最差者报告了最高的负面情感，而被公开暴露的表现最佳者报告最强烈的快乐情感。而这样的发现解释了人类正向互惠行为的心理基础——避免他人负向情感和激发他人正向情感的行为导致他人的正面反馈。本书使我们对风险态度和社会映像有了更深入的认识，为未来对这些问题的进一步研究指明了方向。

目　　录

第 1 章　策略不确定性和劳动力迁移决策：一个在中国的田野实验　1
  1.1　简　介 ··· 2
  1.2　相关文献 ·· 5
  1.3　被试招募和实验设计 ··· 8
    1.3.1　被试招募和实验地点 ·· 8
    1.3.2　实验设计 ·· 10
  1.4　结　果 ·· 15
    1.4.1　人口统计 ·· 16
    1.4.2　风险、不确定性和不公平性偏好 ····························· 17
    1.4.3　策略不确定下的竞争性偏好 ··································· 20
  1.5　讨　论 ·· 22
  1.6　结　论 ·· 23

第 2 章　留面子：一个关于映像和群体认同的实验　59
  2.1　导　言 ·· 60
  2.2　相关文献 ·· 64
  2.3　实验设计和实验过程 ··· 66
    2.3.1　实验组（**Treatments**） ··· 66

2.3.2　实验过程 …………………………………… 69
　2.4　行为假设 ………………………………………… 70
　2.5　结　果 …………………………………………… 73
　2.6　讨论和总结 ……………………………………… 85

第3章　映像互惠：来自实验室实验的证据　97
　3.1　导　论 …………………………………………… 98
　3.2　相关文献 ………………………………………… 100
　3.3　理论模型和预测 ………………………………… 102
　3.4　实验设计和实验过程 …………………………… 105
　　3.4.1　实验组 …………………………………… 105
　　3.4.2　实验过程 ………………………………… 108
　3.5　结　果 …………………………………………… 109
　3.6　讨论和结论 ……………………………………… 119

参考文献　141

后　记　161

第1章

策略不确定性和劳动力迁移决策：一个在中国的田野实验[①]

[①] 本章是作者和郝丽、Daniel Houser 和 Marie Claire Villeval 的合作工作，在此感谢从法国国家研究局和乔治梅森大学经济跨学科研究中心所获得的资金资助。

1.1 简 介

　　劳动力迁移在重新配置劳动力到使其能发挥最大价值的职位上发挥着关键作用，劳动力迁移因而被认为是"劳动力市场车轮运转的润滑剂"（Borjas，2001）。因此理解劳动力迁移决策是非常重要的：哪些类型的人选择劳动力迁移？这些迁移者有哪些共同的特征？过去几十年对劳动力迁移决策个人决定因素的兴趣在迅速增加，这些因素包括期望的收入差距（Harrisand Todaro，1970；Brucker and Jahn，2011）；个人收入在流出地所处相对位置（Stark and Taylor，1991）；年龄和教育（Sjaastad，1962；Schwartz，1976；Chiswick，1986；Malamud and Wozniak，2012）；家庭和个人网络（Boyd，1989；Pedersen et al.，2008；Munshi，2003）；流入地迁入者的数量（Mora and Taylor，2005）；在技能上的不对称信息（Katz and Stark，1987；Chen，2005）。

　　在本章，我们关注个人风险偏好和他们是否选择外出迁移之间的关系。迁移到一个新环境中的决策包括多种不确定性，在刚刚完成迁移的时候这些不确定性更是特别巨大，如对流入地劳动力市场、收入、住房和生活方式都存在不确定性预期。尽管早期的理论文献已经认识到这个问题的重要性（Stark，1981；Stark and Levarhi，1982；Katz and Stark，1986），然而在对迁移的经验研究中发现仅有非常少的文献测量了个人的风险偏好（Williams and Balaz，2012）。而且文献中的经验数据大部分来源于调查和问卷中自我报告的风险偏好，而这些数据并不是采用激励相容的方式收集的（David，1974；Stark and Levhari，1982；Guiso and Paiella，2006；Gibson and McKenzie，2009；Jaeger et al.，

2010；Czaika，2012）。例如，Jaeger et al.（2010）使用来自德国的数据①发现外出迁移倾向是和承担风险的意愿正向相关。本章的研究是我们所知的第一个采用激励相容的田野实验方法来直接测量风险偏好并研究风险偏好和外出迁移倾向之间关系的工作②。

我们在中国进行实验，当前这里的从农村到城市的劳动力迁移是人类有史以来规模最为庞大的（Meng et al.，2010）。中国向市场经济转型首先开始于1978年的中国东部和南部，当时对于劳动力迁移的限制也逐渐放松（Lin et al.，1998；Zheng et al.，2003）。农村富余劳动力（在20世纪80年代初农村人口占整个中国人口的比重达到80%）开始迁移到城市区域，并在迅速扩张的制造业和服务业中寻找工作机会。外出迁移人口规模不断上升，在2012年外出迁移人数就超过2.6亿③。这些外出迁移工人主要是低技术工人，他们居住在雇主提供的宿舍，生活节俭以汇钱返乡资助家庭其他成员。

本章报告的数据来源于拟田野实验，探讨中国外出迁移者和留守者在风险和不确定性态度上是否是不同的。我们的被试者既包括外出迁移者也包括留守者。外出迁移者是那些工作在城镇，但户籍并不在当地的人④。而外出迁移者或者说留守者则是那些留在家乡的人。我们诱导每一位被试者的风险和不确定性偏好，以及在策略性不确定环境中的竞争性偏好。

第一，我们的实验包括以下一些重要设计细节，首先有两种类型留守者：(1)那些居住在有很少外出迁移者所在地的留守者；(2)那些居住

---

① Jaeger et al.（2010）使用德国社会—经济面板调查数据（SOEP）用以测量风险，通过调查者对问题"冒风险的总体意愿"的11个度量点的选择来对风险进行测量，但对参加调查的受访人并没有经济激励。
② McKenzie 和 Yang（2012）解释用实验方法研究劳动力迁移的优点。
③ 来源于中国国家统计局对流动劳动者2012年年报：http://www.stats.gov.cn/tjfx/jdfx/t20130527_402899251.htm。
④ 这是一个中国统计局所使用且得到大多数认同的定义。

在有很多外出迁移者所在地的留守者。我们假设这两种类型留守者有不同的偏好。如果外出迁移确实是一个自选择过程——风险偏好者选择外出迁移；而风险厌恶者则选择留守(Umblijs, 2012)，那么有许多外出迁移者所在地的留守者应该具有最高风险厌恶，而外出迁移者则具有最高风险偏好。一方面，因为大规模的外出迁移会使得留守者在当地寻找工作时面临的竞争不是那么激烈(Mishra, 2007; McKenzie and Yang, 2012)，因此留守者可能竞争性偏好也较低；另一方面，那些只有较少外出迁移者所在地的留守者仍旧包含风险偏好者和风险厌恶者。这使得我们可以假设三个群体的风险偏好：有许多外出迁移者所在地的留守者是最厌恶风险的，而仅有少数外出迁移者所在地的留守者风险厌恶程度居次，而外出迁移者则是风险偏好程度最高的[①]。

第二，我们在中国东部和中国西部进行实验以探寻地区间差异。正如我们在前面所讨论的，中国东部首先开始市场经济改革，然后渐渐扩展到中国西部(Lin et al., 1998; Zheng et al., 2003)，所以居住在东部中国的居民对市场经济更加熟悉、更能接受工资差异和价格变化。因此我们预测居住在东部的中国人更加偏好风险，而这可能影响他们的外出迁移倾向。

第三，我们区别两种不同类型的不确定性：情境不确定性和策略不确定性。情境不确定性是指在可能性分布确定和不确定时的不可预知结果(Ellsberg, 1961; Fox and Tversky, 1995)。策略不确定性则源于其他参与者在一个互动决策情境中的有意行为(Brandenburger, 1996)。外出迁移使得外出迁移者必须面对其他外出迁移者和当地居民的竞争，

[①] 外出迁移在一些地区出现，而在另外一些地区没有出现的大部分原因要归因于历史因素。中国的外出迁移者极度依赖社会网络来了解新地点的工作前景(e.g., Zhao, 2003; Giles, 2006; Chen et al., 2010)。只要第一批人外出迁移，则留守者有可以获取外出迁移的更多信息，而这能降低不确定性，结果导致更多的外出迁移。

而这就包括其他决策者的策略性因素①。在我们的实验中，我们使用激励性的彩票决策来诱导风险和不确定性偏好，并使用 Camererand Lovallo（1999）的市场进入游戏来诱导竞争性偏好，如存在损失风险的策略不确定偏好。因为收入的不公平性能够产生一种相对剥削感或者相对满足感，而这两种感觉会影响个人的迁移决策（Stark and Bloom，1985），因此我们最后将不公平性厌恶测量包括在我们的实验中。然而结果是不显著的，我们对此做了简要的评述。

我们的主要发现是外出迁移者比留守者更加显著地愿意进入策略不确定性情况下的竞争；然而不同群体在情境不确定性下的风险或不确定性态度上没有表现出差别。我们的贡献表现在两方面：第一，这是第一个通过提供激励的田野实验方法来探讨风险偏好和迁移倾向之间关系的研究；第二，我们首次研究不同风险和不确定性来源的影响，换句话说，扔骰子所产生的情境不确定性下的风险及不确定性和由于他人预期和行为所导致的策略不确定性。这种划分是很重要的，一般研究所使用的提供激励的彩票诱导偏好的方法经常被认为仅有非常弱的预测力（Dohmen *et al.*，2005，2011），所以检验其他替代方法是非常重要的。在这点上，本章通过研究外出迁移者和留守者在真实环境下市场进入游戏中行为上的差别也做出方法论上的贡献。

本章接下来的构成如下：1.2 节简单综述相关文献，1.3 节介绍我们的实验设计，1.4 节报告实验结果，1.5 节对结果进行讨论，最后在 1.6 节进行总结。

1.2　相关文献

本章对两领域的文献有所贡献。第一个领域是风险态度作为劳动力

---

① 当一些国家使用签证摇奖来从移民申请者中进行筛选时（比如美国的绿卡摇奖），这种情况更加明显（McKenzie and Yang，2012）。

迁移决策决定因素的文献；第二个领域是诱导风险态度方法论的文献。

  在劳动力迁移决定因素的理论文献中，Stark（1981）是第一批将风险偏好作为影响劳动力迁移决策主要原因的学者。Stark and Levhari (1982)发现风险厌恶可以解释发展中国家的农村家庭让一个家庭成员外出迁移到城市地区及多样化家庭的收入组合。Katz and Stark(1986)考虑了跨期的风险和不确定性，表明外出迁移者在考虑未来地位的提升和随后较小风险的基础上，更愿意接受近期更高的风险。Dustmann (1997)研究不确定性怎样影响外出迁移时间和再次外出迁移抉择。而与之前建立在期望效用理论上的研究不同，Czaika（2012）根据 Kahneman and Tversky（1979）的期望理论对迁移决策进行建模：当未来期望偏离基准点时，潜在的外出迁移者会校正他们期望，外出迁移流动对负向经济期望比相同程度的正向期望反应更加强烈。

  近期对风险态度和外出迁移进行研究的文献较多，而早期进行相关研究的文献则较少。一个例外来自 Sahota(1968)的研究，他发现巴西的外出迁移者有更高的活力并且更愿意承担风险。相较于早期的理论文献，目前大多数经验研究发现的一个有趣结果是风险厌恶和迁移倾向之间存在着负向联系。Heitmueller（2005）发现对风险厌恶的人外出迁移的意愿更低。在一个在孟加拉国进行的田野实验中，Bryan *et al*. (2012)发现外出迁移决策受到负债及保险供给的影响，而保险供给是对风险态度的一个非直接测量。对风险态度的直接测量包括自我报告的风险偏好。许多研究使用德国社会—经济面板数据(SOEP)来研究外出迁移倾向。具体来说，被调查者通过选择从 0～10 的数值来回答问题"总的来说，你们是否愿意承担风险"，其中 0 代表"不愿意承担风险"，而 10 代表"非常愿意承担风险"。使用 SOEP 数据，并且将外出迁移者定义为在 2000 年和 2006 年改变所在地至少一次的人，Jaeger *et al*. (2010)首次发现愿意承担风险的人更加愿意外出迁移的直接证据。Constant *et al*.（2011）发现第二代移民相比原住民更加愿意承担风险。

Dohmen *et al*.（2005；2011）①研究在特定情境/场景下自我报告的承受风险意愿，包括驾驶、金融投资、运动/休闲、职业和健康等多种情境。他们发现唯一对受调查者外出迁移决策有预测力的风险测量是自我评估的总体风险偏好。换句话说，没有一种特定情境下的风险测量对解释外出迁移决策是显著的。这个结果对于从东德迁移到西德的外出迁移者和从西德迁移到东德的外出迁移者都是适用的。Gibson and McKenzie（2009）使用从三个太平洋国家收集的调查数据，也发现外出迁移倾向和承受风险的意愿是正相关的。

与上述研究不同的是，Conroy（2009）在墨西哥报告了相反的结果：和风险厌恶程度较低的妇女相比，更加厌恶风险的妇女更愿意从农村迁移到城市地区，而风险偏好对男性的外出迁移决策则没有预测力。更加厌恶风险的妇女可能将外出迁移作为一种逃避收入高度变动环境的方式。

然而在这些研究中使用的从调查问卷中得出的风险偏好测量并没有对准确回答给予任何激励。除了这些调查数据外，Dohmen *et al*.（2005；2011）也使用在实验研究中经常采用的提供物质激励的彩票诱导方式（Holt and Laury，2002；Andersen *et al*.，2008）来测量风险态度。他们的实验在被试家者中进行，被试者在那首先完成 SOEP 问卷，接着参与一个给予报酬的彩票实验（类似于本章情境不确定性下的风险诱导）。他们发现在预测不同情境和场景中（例如，不同的不确定性来源）的风险行为时，相较使用提供物质激励的彩票诱导方式，一般来说，自我评估的总体风险态度是一个更好的预测指标。他们总结在不同情境和场景下的风险态度并不一致，这个发现对一般采用彩票诱导风险并用以解释在其他场景下行为的有效性提出了质疑。

一个对于使用提供物质激励的彩票诱导方法的潜在顾虑是被试者不

---

① 相较 2011 年发表的论文，Dohmen *et al*.（2005）的工作论文中报告了更加详细的结果，因此我们讨论的一些结果只存在于这篇工作论文中。

能理解彩票实验的风险。然而 Charness and Viceisza（2011）表明提供物质激励的彩票诱导方法和没有激励的自我报告承担风险意愿的方法在发展中国家的农村都面临着当地参与者理解能力不足的问题。参与者对于这两种方法都表现出理解程度较低。意识到存在这样的困难，我们尽可能地帮助参加本实验的被试者完全理解实验说明。本章通过使用货币激励来更加精确地测量风险态度和不确定性态度及策略不确定性的态度从而对研究做出贡献。

1.3 被试招募和实验设计

1.3.1 被试招募和实验地点

在本研究中，外出迁移者是从农村迁移到城市寻找工作机会的村民，而留守者是那些待在家乡的村民。在这些留守者中，我们划分为那些居住在有许多外出迁移者地区的留守者和那些居住在仅有很少外出迁移者地区的留守者。因此我们有三类实验参与者：（1）在城市工作和生活的外出迁移者；（2）居住在有许多外出迁移者地区的留守者；（3）居住在有很少外出迁移者地区的留守者。

由于迁移到城市的外出迁移者和对应农村来源地的留守者并不在一个地点，因此在实际操作中同时召集以上两类人参加实验不具有现实可操作性，因此我们实验中的每一个地点仅招募前述三类实验参与者中的其中一类。对每一类参与者有两个实验地点：一个实验地点位于中国东部；而另一个实验地点位于中国西部。所以我们总共有六个实验地点。表1-1对这些实验地点进行了描述①。

---

① 选择这些地点的原因有两个：首先，当地的外出迁移者情况需要满足我们招募被试者的要求；其次，我们在当地有可信赖的人可以协助招募被试者。

表 1-1 实验局和实验地点被试者数量

被试者分类	在中国西部地点	在中国东部地点	实验局数量	被试者数量
外出迁移者	成都	北京	4	48
有许多外出迁移者地区的留守者	咸阳	盐城	4	48
有很少外出迁移者地区的留守者	酒泉	徐州	4	48
被试总数量	72	72		144

每一个实验地点有两个实验局，每一个实验局包含 12 个被试者，这样每一个实验地点就有 24 个被试者。所有 12 个实验局由相同的 3 个实验工作人员完成。正如表 1-1 所示，外出迁移者分别在北京(东部)和成都(西部)的市区招募。居住在有许多外出迁移者地区的留守者地点包括在江苏盐城(东部)和陕西咸阳(西部)的农村。居住在有很少外出迁移者地区的留守者地点包括在江苏徐州(东部)和甘肃酒泉(西部)的农村。

对每一类实验参与者，我们分别在一个中国东部地点和一个中国西部地点进行招募有两个原因：首先，这是为控制中国西部和中国东部在收入和经济环境上存在的差距，东部沿海地区受到市场经济更大的影响并且居民收入也比西部更高；其次，在中国西部，从农村地区迁移到城市也成为一个新的趋势，所以将西部的外出迁移者包含在研究中也是非常重要的。历史上，外出迁移的主要趋势是从农村内陆地区迁移到东部和南部的大城市，如北京、上海和广州。而近些年，为追求更加丰沛和廉价的劳动力，制造业逐渐将工厂从沿海地区搬迁到内陆省份。

实验组中的所有被试者都是通过招募公告进行招募，除此之外，在农村地区我们还到村民家中招募留守者；而在城市，则通过当面邀请的方式招募外出迁移者。这些可能的实验参与者被告知他们有机会参加一个在给定地点和时间的实验来赢取现金。当有意参与者抵达实验地点，他们首先需要完成一个他们外出迁移经历的简短问卷(见附录 1)。通过他们的回答筛选出满足我们实验要求的参与者。在北京和成都，外出迁移者是那些常住地（户口）不在本市但已经在本市最少居住满6个月。在四个农村地点，我们要求实验参与者没有任何外出迁移经历。

满足要求的参与者留下并接着参加问卷之后的实验。那些不满足实验要求的参与者获得一定的现金以补偿他们的参与和对问卷的回答①，对参与实验的筛选标准是保密的。一直到实验局开始，被试者都不知道实验的任何细节。满足实验要求的被试者没有人选择放弃参加实验，也没有被试者在实验过程中选择退出。在同一个实验地的两个实验局连续进行以避免参加实验的被试者将实验信息泄露。一个典型的实验局持续大概90分钟。每个被试者的平均收入是29.71元（大约相当于4.9美元）（标准差是6.82元）。

1.3.2 实验设计

本实验设计的目标是研究外出迁移者和留守者是否在情境不确定性和策略不确定性上表现出不同的偏好。传统的偏好诱导方法仅关注于通过随机化方法而导致的情境不确定性。本章我们通过在情境不确定性下诱导风险和不确定性与在策略不确定性环境中诱导竞争偏好将传统方法进行拓展。策略性因素对外出迁移决策是特别重要的，因为其他求职者的决策会立即影响到在一个新地区得到工作的预期。

我们的实验主要包括三个部分：第一部分诱导情境不确定性下的风险和不确定性偏好；第二部分诱导不公平性偏好；第三部分使用改进的的市场进入游戏（Camerer and Lovallo，1999）以诱导策略不确定性下的竞争性偏好。在每部分的开端，被试者都会收到一个详细的实验说明（见附录2）。此外在每部分，他们需要完成一个理解性测试。在所有被

---

① 不符合要求的参与者将获得价值8元人民币的礼包，礼包包括日常家庭用品，如牙膏、洗衣粉等。

试者完全理解实验内容后,才正式开始每部分的实验,被试者的所有决策都在纸上完成。

第一部分:情境不确定性下的风险态度

我们使用类似 Fox 和 Tversky(1995)的价格表方法来诱导风险和不确定性,每一个被试者需要就表 1-2 中包括选项 A 和选项 B 的多个决策做出选择。

表 1-2 风险和不确定性诱导

风险	选项 A 确定收入(元)	选项 B 盒子中有 10 个球,5 个黑球和 5 个白球; 黑球代表 10 元钱,白球代表 0 元钱
选择 1:	1	
选择 2:	2	
选择 3:	3	
选择 4:	4	
选择 5:	5	10 元,50%;0 元,50%
选择 6:	6	
选择 7:	7	
选择 8:	8	
选择 9:	9	
选择 10:	10	

不确定性	选项 A 确定收入(元)	选项 B 盒子中有 10 个球,不知道黑球和白球的数量; 黑球代表 10 元钱,白球代表 0 元钱
选择 11:	1	
选择 12:	2	
选择 13:	3	
选择 14:	4	
选择 15:	5	10 元或者 0 元;可能性未知
选择 16:	6	
选择 17:	7	
选择 18:	8	
选择 19:	9	
选择 20:	10	

对于风险的诱导，正如表 1-2 中前 10 行所示，每 1 行是 1 个选择，被试者需要依次做出 10 个选择。例如，在第一行，选项 A 表示固定的 1 元收入，而选项 B 是一个有 50% 可能性获得 10 元，有 50% 可能性获得 0 元的彩票。为了便于被试者理解，选项 B 用一个包含 5 个黑球和 5 个白球的盒子表示。被试者被告知，如果他们抽到一个黑球，他们会得到 10 元；如果抽到一个白球，他们会一无所获。依次做下一个选择，选择选项 A 中可获得的固定收入增加 1 元（在第 10 个选择，选择选项 A 的固定收入为 10 元）。

为了诱导不确定性偏好，我们采用同样的方法但被试者不知道盒子中黑球和白球的比例。在每个被试者都完成表 1-2 中的 20 个选择后，其中的一个选择被随机抽取用来作为实际支付。对这个被抽中的选择，如果被试者选择选项 A，那么被试者获得相应数额的收入；如果被试者选择选项 B，被试者从相应的盒子中抽一个球并根据抽中球的颜色获得相应收入。所有选择在实验局的开始阶段完成，但具体哪一个选择被随机抽取用作真实支付和向被试者支付现金则是在实验局结束后完成以避免影响实验中被试者的选择。

第二部分：不公平性偏好

我们使用一个改进的独裁者游戏（Blanco et al., 2011）来诱导对收入的不公平厌恶偏好[①]。在这一部分，所有被试者在不知道自己会被被分配为哪种角色的情况下，首先都以独裁者的角色来做选择。每一位被试者需要在两种不同的分配方式选项 A 和选项 B 之间进行选择，每种分配方式决定了他本人和另外一位参加实验被试者的收入（见表 1-3）。例如，对第一个选择，被试者选择选项 A，两位被试者都获得相同的收入 1 元；如果选择选项 B，第一位被试者获得 8 元，而第二位被试者获得 2 元。依次做出下一个选择，选项 B 中两位被试者的不等收入分配不

---

① 我们没有诱导负向的不公平性厌恶，因为外出迁移的机会通过增加外出迁移者的收入而扩大和留守者之间的收入差距（不会增加留守者的收入）。

变，而选项 A 中两位被试者获得的收入都增加 1 元。这个游戏的前 8 个选择会增加收入，而后 8 个选择会造成收入损失。

表 1-3 不公平性偏好的诱导

选项 A 角色 X 和角色 Y 获得相同收入	选项 B 角色 X 和角色 Y 获得不同收入
收入	
选择 1：角色 X 获得 1 元；角色 Y 获得 1 元	
选择 2：角色 X 获得 2 元；角色 Y 获得 2 元	
选择 3：角色 X 获得 3 元；角色 Y 获得 3 元	
选择 4：角色 X 获得 4 元；角色 Y 获得 4 元	角色 X 获得 8 元；
选择 5：角色 X 获得 5 元；角色 Y 获得 5 元	角色 Y 获得 2 元
选择 6：角色 X 获得 6 元；角色 Y 获得 6 元	
选择 7：角色 X 获得 7 元；角色 Y 获得 7 元	
选择 8：角色 X 获得 8 元；角色 Y 获得 8 元	
损失	
选择 1：角色 X 损失 1 元；角色 Y 损失 1 元	
选择 2：角色 X 损失 2 元；角色 Y 损失 2 元	
选择 3：角色 X 损失 3 元；角色 Y 损失 3 元	
选择 4：角色 X 损失 4 元；角色 Y 损失 4 元	角色 X 损失 8 元；
选择 5：角色 X 损失 5 元；角色 Y 损失 5 元	角色 Y 损失 2 元
选择 6：角色 X 损失 6 元；角色 Y 损失 6 元	
选择 7：角色 X 损失 7 元；角色 Y 损失 7 元	
选择 8：角色 X 损失 8 元；角色 Y 损失 8 元	

真实收入以如下方式计算，在完成所有 16 个选择后，仅其中 1 个选择被随机选取用作真实支付。所有参与实验的被试者被随机配对，并被随机分配为角色 1 和角色 2。在每一对中，角色 1 的选择将被用来决定角色 1 和角色 2 的收入。所有被试者在实验局结束前不知道他们是角色 1 还是角色 2。

第三部分：竞争性：策略不确定性偏好

在这一部分，我们使用并改进市场进入游戏(Camerer and Lovallo,

1999)以诱导策略不确定性偏好。在这个游戏中,每个被试者需决定是否进入一个容量有限的市场。如果被试者选择不进入,他们既不会获得收入也不会发生损失;如果他们选择进入,根据进入者数量和在进入者中的相对排名,他们会获得收入或发生损失。在我们的实验中,进入者的相对排名是随机决定的。每个实验局中的12个被试者同时做出进入决策,同时被试者必须估计选择进入市场的其他实验参与者数量。显然其他人的决策会影响一个人的收入,而这体现出一种策略不确定性。

在每一轮,每位被试者都需要做出是否进入一个容量有限市场的决策,同时,他们也需要预测其他11位参与者中有几位会选择在这一轮进入市场。这种预测表明被试者是否会根据对其他被试者竞争性偏好的判断来调整他们的行为。如果他们的预测和这一轮实际进入人数一致,他们会得到额外的2元激励。

市场进入游戏一共包括12轮,相应收入在表1-4列出。例如,在第1轮(表1-4的第一列),总的奖励数量是4,相对排名最靠前的4位进入者每人获得9元,而排名第5及更靠后的进入者每人损失6元。相较而言,选择不进入的被试者获得0元。如果进入者的数量少于总的奖励数量,那么每位进入者都会赢得奖励。

奖励的数量和每一个相对排名所对应的收入在每轮间也是变化的。在前8轮,获得奖励的进入者收入是相同的或者根据排名递减。在每一轮,奖励的数量和相应金额也在不断变化,但是所有奖励加总金额是36元。接下来,第9轮(第10轮)对于排名靠前的进入者分别提供6(12)元,而排名靠后的进入者则损失6元,但是被试者不知道奖励的具体数量,因此在第9轮和第10轮,不确定性程度比前8轮更高。从第1到第10轮,选择不进入者的收入都是0元①。

---

① 第11轮和第12轮探讨收入为负时,实验参与者面对策略不确定性时的对经济损失的态度。在这两轮中,选择"不进入"会造成4元损失,而进入且排名较前者损失少于4元。进入且排名靠后者损失6元。本章没有报告最后几轮的结果。

表 1-4　市场进入游戏中的收入

排名	损失								收入		不确定	
	R.1 $c=4$	R.2 $c=9$	R.3 $c=2$	R.4 $c=9$	R.5 $c=2$	R.6 $c=6$	R.7 $c=6$	R.8 $c=4$	R.9 $c=?$	R.10 $c=?$	R.11 —	R.12 —
1	+9	+8	+18	+4	+27	+12	+6	+18	+6	+12	−1	−3
2	+9	+7	+18	+4	+9	+9	+6	+12	?	?	−2	−3
3	+9	+6	−6	+4	−6	+7	+6	+4	?	?	−3	−3
4	+9	+5	−6	+4	−6	+4	+6	+2	?	?	−6	−3
5	−6	+4	−6	+4	−6	+3	+6	−6	?	?	−6	−6
6	−6	+2	−6	+4	−6	+1	−6	−6	?	?	−6	−6
7	−6	+2	−6	+4	−6	−6	−6	−6	?	?	−6	−6
8	−6	+1	−6	+4	−6	−6	−6	−6	?	?	−6	−6
9	−6	+1	−6	+4	−6	−6	−6	−6	?	?	−6	−6
10	−6	−6	−6	−6	−6	−6	−6	−6	?	?	−6	−6
11	−6	−6	−6	−6	−6	−6	−6	−6	?	?	−6	−6
12	−6	−6	−6	−6	−6	−6	−6	−6	−6	−6	−6	−6
不进入	0								0		−4	

为了便于被试者对游戏的理解，我们将市场用钓鱼池塘进行表示，总的奖励数量被表示为池塘的容量。在12轮决策中，被试者不会收到任何反馈，他们被告知12轮中仅有1轮将会在实验结束后被随机抽中作为真实支付依据。

1.4　结　果

本部分我们首先报告一些重要的人口特征信息，我们发现外出迁移者和留守者在情境不确定偏好上并没有表现出显著的差别，最后我们运用市场进入游戏来研究他们在策略不确定性下的偏好。我们的主要结果是：(1)外出迁移者比在有许多外出迁移者地区的留守者更加愿意参与竞争；(2)相比在有很多外出迁移者地区的留守者，在有较少外出迁移者地区的留守者拥有更高的竞争倾向。

1.4.1 人口统计

表1-5描述实验中三类被试者的关键人口特征。首先，外出迁移者是三类群体中最年轻的；在有较少外出迁移者地区的留守者相对年龄更大一些，而在有许多外出迁移者地区的留守者年龄最大。这点和一般所观察到的年轻人选择外出迁移，而年龄较大者更偏好待在家乡的感知是一致的。而在有较少外出迁移者地区，各个年龄段的人口都有，所以被试者平均年龄介于另外两个群体之间。而收入排序则和被试者年龄排序刚好相反，这是因为人们正是为了更高的报酬而迁移到城市。在所有这三类群体中，男性多于女性。这些被试者的平均受教育程度大约是接受过9到10年教育的初中毕业生或者高中辍学生。需要照顾的老年人数

表1-5 人口特征统计

	外出迁移者	有很少外出迁移者地区的留守者	有许多外出迁移者地区的留守者
年龄(岁)	32.2	37.3	45.12
	(1.73)	(1.62)	(2.26)
每日收入(元)	62.4	40.4	28.4
	(10.3)	(3.80)	(3.80)
男性比例	0.60	0.51	0.75
	(0.07)	(0.07)	(0.06)
教育(年)	9.8	8.5	10
	(0.31)	(0.31)	(0.40)
需要照顾老人(人)	2.27	2.02	1.36
	(0.25)	(0.23)	(0.20)
观测值数量	48	48	48

量(在中国,成年子女被认为有义务照顾他们年老的父母和祖父母)自然是和被试者年龄负相关的,而和被试者收入正相关。外出迁移者需要照顾的老年人数量比留守者更多,这意味着更大的家庭责任是年轻人出外寻找工作机会的一个主要动机。

1.4.2 风险、不确定性和不公平性偏好

在这一部分,我们报告从实验第一和第二部分中获得的风险、不确定性和不公平性偏好数据。

在第一部分,一个理性的决策者在对风险彩票和不确定性彩票的选择中应该首先选择彩票(选项 B)转换到选择固定收入(选项 A)最多一次。在这两部分的转换点分别表示决策者对风险和不确定性的态度。我们用被试者在风险和不确定性中选择选项 B 的次数来测量偏好①。选项 B 的期望收入是 5 元。当对被试者吸引力足够大时,被试者将会转换到"安全"选项 A。在第 5 或者第 6 个选择转换表明中性,而在更早(更晚)转换表明风险厌恶(风险偏好)。因此选择选项 B 的次数表明了一个被试者愿意承担风险的意愿,这个数字越大,被试者越愿意承担风险。

在第二部分,一个理性的决策者在收入领域应该从不公平的收入分配转换到公平的收入分配最多一次;而在损失领域,则应该从公平的损失分配转换到不公平的损失分配。对不公平性的偏好用被试者选择不公平收入分配的选项 B 的次数进行衡量。在收入领域,这意味着被试者愿意接受收入的不公平;而在损失领域,这意味着被试者接受不公平的损失。

---

① 确切地说,我们计算转换点的前一个选择和后一个选择的中间值。例如,如果一位实验参与者在第五个选择从选项 B 转换到选项 A,我们记录 4.5 为其风险偏好。对多次转换的实验参与者,我们计算选择风险选项(选项 B)的次数,并加 0.5 作为调整。事实上,分别有 35,30,40 和 46 位被试者在风险游戏、不确定性游戏、收入不公平游戏和损失不公平游戏中转换超过一次。人数是偏多的,但是不同群体中多次转换者的数量并不存在显著不同,多次转换是田野实验中的一种独有现象(见 Charness and Viceisza,2011)。

在这两个领域,越晚转换,意味着这个被试者越能接受不公平的分配。

图 1-1 报告不同被试者类型偏好的平均值和标准差。第一组的三条柱状图表示他们的风险偏好,而接下来的几组柱状图分别表示被试者对不确定性的态度及对收入和对损失的不公平性态度。在不同类型被试者之间进行的配对比较没有一个是显著的(均值比较测试,$p>0.10$)。

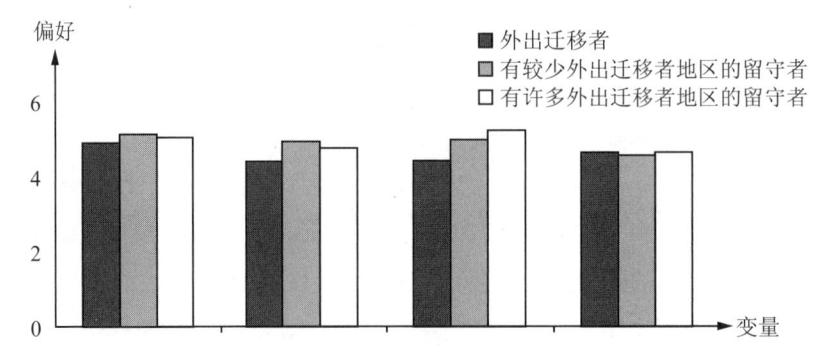

图 1-1　不同类型被试者的风险、不确定性和不公平性偏好

表 1-6 报告在加入控制变量后的回归分析结果如下。

结果 1(情境不确定性下的偏好):在面临情境不确定时,迁移者和未迁移者在风险和不确定性偏好上并没有表现出任何差异。

支持结果 1 的证据:表 1-6 报告对四个因变量的多元回归结果,这四个因变量分别是被试者对风险、不确定性、收入和损失的不公平性偏好。这些偏好通过被试者选择风险(或者不公平)选项的数量来进行测量。一个表示被试者是否多次转换的虚拟变量也包括在回归模型中,如果被试者在风险和确定收入选项间转换超过一次,那么这个虚拟变量的值为 1;否则这个变量的值是 0。对每一种偏好,我们运用两个回归模型进行估计,分别包括或者不包括表示"中国东部"的变量。如果被试者参加实验的地点在东部,这个虚拟变量的值为 1;否者这个虚拟变量为 0。我们的主要感兴趣的是"外出迁移者"和"较少外出迁移者地区的留守者"这两个变量的系数,这表明这两个群体的行为是和基准组"有很多外出迁移者地区的留守者"是不同的。其他控制变量则包括性别、年龄和收入等。

对于风险和不确定性偏好，两个结果是稳健的。首先，外出迁移者和有很多外出迁移者地区的留守者并没有不同；其次，有较少外出迁移者地区的未迁移者和有很多外出迁移者地区的留守者并没有不同。这个结果和通常的想法——外出迁移者更倾向于冒风险是不同的。

对收入和损失的不公平性态度回归结果在5%水平上也几乎是不显著的，所有F统计量都小于2.5。如果一个人根据模型的不显著结果做出推断常常会导致误导的结果，接下来我们将关注于风险和不确定性偏好。

表1-6 情境不确定性下偏好的决定

	风险		不确定性		收入不平等		损失不平等	
	(1)	(2)	(3)	(4)	(5)	(6)	(7)	(8)
外出迁移者	−0.895	−0.985	−0.978	−1.074	−1.238**	−1.292**	0.070	0.036
	(0.645)	(0.616)	(0.680)	(0.667)	(0.508)	(0.510)	(0.519)	(0.524)
有很少外出迁移者地区的留守者	−0.147	−0.260	−0.025	−0.153	−0.485	−0.553	−0.015	−0.056
	(0.655)	(0.632)	(0.694)	(0.667)	(0.499)	(0.500)	(0.443)	(0.448)
男性	1.389*	1.323*	1.102**	1.009**	0.569	0.536	0.211	0.189
	(0.471)	(0.455)	(0.504)	(0.483)	(0.407)	(0.392)	(0.405)	(0.394)
年龄	−0.044*	−0.050*	−0.030*	−0.037**	−0.027*	−0.030*	0.004	0.002
收入	(0.016)	(0.016)	(0.018)	(0.017)	(0.016)	(0.015)	(0.015)	(0.015)
多次转换	0.006*	0.004	0.009*	0.007	0.004	0.003	−0.000	−0.001
	(0.003)	(0.003)	(0.005)	(0.004)	(0.003)	(0.003)	(0.002)	(0.003)
中国东部	0.654	0.579	0.484	0.509	−0.312	−0.308	−0.053	−0.060
截距项	(0.399)	(0.419)	(0.392)	(0.414)	(0.371)	(0.377)	(0.345)	(0.341)
	—	1.432*	—	1.663*	—	0.839**	—	0.501
		(0.434)		(0.454)		(0.384)		(0.348)
	5.856*	5.609*	5.127*	4.818*	−6.038*	5.883*	4.358*	4.269*
	(1.013)	(1.005)	(1.081)	(1.100)	(0.746)	(0.770)	(0.745)	(0.775)
R^2	0.123	0.194	0.096	0.187	0.076	0.111	0.004	0.020
F	4.123	5.779	2.691	5.037	2.015	2.403	0.110	0.347
观测值数量	131		129		131		131	

注：*代表在10%水平上显著；**代表在5%水平上显著；***代表在1%水平上显著。

诸如性别和年龄这样的控制变量和我们预想的影响一致并且显著(Croson and Gneezy，2009；Mather et al.，2012)。在对是否外出迁移进行控制后，男性被试者相对女性被试者表现出显著更高的风险和不确定性偏好，而更加年轻的人也比年龄更大的人表现出更高的风险和不确定性偏好。在此注意变量"中国东部"，在模型设定(2)和(4)中，在对风险和不确定性的回归中增加变量"中国东部"显著增加回归的拟合优度，调整后的 R^2 值增加 1 倍。

1.4.3 策略不确定下的竞争性偏好

在这一部分，我们报告市场进入游戏中前八轮的结果，在这几轮中，被试者知道收入为正和能够获得奖励的总数量①。在风险中性假定下，在这些轮中有许多不对称的纯策略纳什均衡。如果被试者是理性的，$c+5$ 或者 $c+6$ 位决策者应该进入市场。当市场容量是 $c=2$ 和 $c=4$ 时，因为从进入中获得的期望收入是零，这对第 $c+6$ 位被试者是没有差别的。而对于 $c+6$ 位之后的进入者，进入市场会导致负的期望收入。当市场容量是 $c=6$ 和 $c=9$ 时，所有被试者应该进入市场(当市场容量为 6 时，仅仅对第 12 位被试者是无差异的)。预期进入者数量超过市场容量会减少风险中性进入者(特别当 $c>4$ 时)的数量。自然的，对风险和不确定性的厌恶使得决策者在超过市场容量的一个更低等级上选择进入和不进入是无差异的。

为分析竞争性偏好能否被一个人外出迁移所预测，我们估计三个 Probit 模型，这些模型的因变量是进入市场的决策，标准差聚类(clusted)在个人层面上。我们控制变化在回归模型中加入诸如男性、年龄、收入、风险偏好(通过从风险选项到安全选项的转换点进行衡量)和东部等控制变量。表 1-7 的左列报告这些回归的边际效应②，而这得出

---

① 对市场进入游戏中最后四轮回归结果是不显著的；所以，我们没有报告这些结果。

② 使用聚类在个人层面的线性可能模型分析，结果并没有不同。

结果 2。

结果 2a（竞争性偏好）：相较于居住在有许多外出迁移者地区的留守者，外出迁移者显著地更加愿意参于市场竞争。

结果 2b（竞争性偏好）：相较于居住在有许多外出迁移者地区的留守者，居住在较少外出迁移者地区的留守者显著地更加愿意参于市场竞争。

表 1-7 市场进入游戏中的预期和进入可能性决定

	选择进入			预测的市场竞争性		
	(1)	(2)	(3)	(4)	(5)	(6)
外出迁移者	0.193***	0.189**	0.209**	0.164**	0.173*	0.209**
	(0.075)	(0.093)	(0.096)	(0.077)	(0.091)	(0.094)
有很少外出迁移者地区的留守者	0.134**	0.135*	0.139*	0.177**	0.185**	0.198***
	(0.067)	(0.075)	(0.075)	(0.072)	(0.076)	(0.076)
男性	—	0.022	0.004	—	0.005	0.028
		(0.063)	(0.062)		(0.073)	(0.073)
年龄	—	−0.000	0.000	—	−0.000	0.000
		(0.003)	(0.003)		(0.003)	(0.003)
收入	—	−0.000	−0.000	—	−0.000	−0.001
		(0.001)	(0.001)		(0.002)	(0.001)
风险	—	0.017	0.017	—	—	0.030**
		(0.011)	(0.011)			(0.013)
中国东部	—	—	−0.039	—	—	−0.042
			(0.054)			(0.060)
Pseudo R^2	0.026	0.026	0.034	0.019	0.021	0.037
聚类数量	130	129	129	130	129	129
观测值数量	1040	1032	1032	1040	1032	1032

注：聚类于每位被试者进行 Probit 回归，点估计结果作为边际效应，并且括号中报告的是异方差稳健标准误差。* 代表在 10% 水平上显著；** 代表在 5% 水平上显著；*** 代表在 1% 水平上显著。

支持结果 2 的证据：表 1-7 的左列设定（1）、设定（2）和设定（3）表明，在不同控制变量的设定下，外出迁移者比居住在有许多外出迁移者地区的留守者进入市场的可能性要高 21%。相似地，居住在有很少外出迁移者地区的留守者比居住在有许多外出迁移者地区的留守者进入市场的可能性要高 14%。

接下来我们分析对市场竞争性预测的影响因素，结果如下。

结果 3a（对市场竞争性的预测）：和居住在有许多外出迁移者地区的留守者相比，外出迁移者更可能预测进入者数量超过市场容量。

结果 3b（对市场竞争性的预测）：和居住在有许多外出迁移者地区的留守者相比，居住在有很少外出迁移者地区的留守者更可能预测进入者数量超过市场容量。

支持结果 3 的证据：表 1-7 的右列设定（4）、设定（5）和设定（6）报告 Probit 模型的三种不同设定，在这些模型中，因变量是被试者预测的市场竞争性。如果预测的进入者数量多于每一轮奖励的数量，这个变量等于 1；否则这个变量等于 0。这些回归表明，在控制通常的变量后，相对于居住在有许多外出迁移者地区的留守者，外出迁移者做出更高数量进入者预测的可能性要高 21%。相似地，居住在有较少外出迁移者地区的留守者比居住在有很多外出迁移者地区的留守者做出更高数量进入者预测的可能性要高 20%。那些在情境不确定性下更加偏爱风险的人被观测到预测的市场竞争性更高。这两组结果表明外出迁移者比留守者拥有更高的策略不确定性。他们预测的竞争性也确实较高并且更加愿意参与竞争。

1.5 讨 论

我们探讨外出迁移者、居住在有许多/很少外出迁移者地区的留守者这三组不同被试者的偏好并分析两种不同的不确定性：情境和策略不确定性。在研究中,我们关注两个关键问题。

两种留守者——我们使用居住在有许多外出迁移者地区的留守者作为基准组来和其他两组进行比较。相较于居住在仅有很少外出迁移者地区的留守者,尽管这些留守者更容易获得关于迁移的信息(从他们外出迁移的邻居那),但他们仍然未选择迁移。我们的结果证实假设,居住在有许多外出迁移者地区的留守者比居住在有很少外出迁移者地区的留守者更加不愿意参与策略性不确定性下的竞争。相反,他们在情境不确定性下的风险和不确定性上并不存在差别。

中国东部 vs 中国西部——我们数据中一个有趣和稳健的发现是,不管他们是外出迁移者还是当地居民,居住在中国东部的人在情境不确定性下更加愿意承担风险,他们也更能接受收入方面存在的不平等。正如表 1-6 和表 1-7 所示,在将控制变量东部纳入回归模型后,所有回归模型的拟合优度得到极大的改进,这意味着该变量很好地解释了数据。当改革开放政策在 30 多年前开启后,它首先影响中国的东南部沿海地区(包括上海和深圳),而它在西部的影响则要缓慢很多。所以,居住在中国东部的人接触市场经济的时间更长,而且更加深入。我们推测中国东部的居民因此更加适应机会和财富的变化,而从内地迁移到中国东部的外出迁移者经历过自我选择并且趋向认同这种价值观。这个结果也是和之前的发现一致的,经济制度重塑人的偏好(Ockenfels and Weimann,1999;Alesina and Fuchs-Schundeln,2007;Brosig-Koch *et al.*,2011)。最后,需要重点强调的是中国东部和中国西部的这种差别没有改变在表 1-7 中我们关于外出迁移者和留守者在策略性不确定性上存在差别的主要发现。

1.6 结 论

我们运用第一个提供激励的田野实验研究外出迁移决策是否能够被

风险态度，竞争性偏好或者两者同时所解释。我们发现外出迁移者比留守者更加愿意参与策略性不确定性下的竞争；与之相反的是，不同群体的人在情境不确定性下的风险和不确定性态度是一致的。

本研究的贡献主要为两方面。首先，我们的结果对于解释风险偏好和外出迁移之间的关系做出了贡献。正如我们的结果所示，答案不是那么明确的，要看不确定性的来源，即不确定性是否源于其他人的决策。需要和其他参与者竞争这点也与外出迁移者的实际经历相吻合，他们比非外出迁移者更加愿意承担风险，而这两个群体在情境不确定性风险上则不存在行为差别。直觉上，这个发现和外出迁移者迁移到城市并参与劳动力市场竞争的事实是相一致的。

其次，我们的结果表明运用彩票来诱导风险偏好的常规方法并不总是合适的。当感兴趣变量的结果包括人之间的互动，特别是竞争后，作为一种补充工具，本章所使用的市场进入游戏是相当合适的。本章向丰富激励相容的偏好诱导方法的工具箱迈出第一步，而这对更好理解迁移决策是有益的。

由于在 2013 年，差不多有 2.5 亿中国人从农村迁移到城市区域，理解外出迁移的决定因素是有着政策重要性的。大规模的外出迁移不仅仅为发达地区提供了丰裕的劳动力资源，而且也减缓了失业并使农村人口能够摆脱贫困。同时大规模进入城市的迁移人口也扩大了对健康、教育和住房的广泛关注。对外出迁移决策和外出迁移者偏好的深入理解可更好地制定政策使得社会能够向以最低社会成本实现最大外出迁移收益迈出第一步。

附录1：用以筛选实验参与者的问卷

非常感谢你填写此份问卷，这将使你有可能参与随后的实验。本实验是关于风险研究的国际合作研究项目的一部分。虽然不是所有人都有机会参加此次实验，但你们将有很大的可能性被邀请参与此次实验。

请你花一些时间诚实地回答以下问题。你的回答将仅被组织此次实验的研究者所使用，所有信息将会是匿名的和保密的，不会泄露给任何其他人。如果你被邀请参与随后的实验，你在该问卷的回答将不会与你在随后实验中的表现相联系。

1. 当前住址：

_____省，_____市，_____区(县)，_____街道

家庭住址：

_____省_____县(市)_____乡(镇)_____街道(村)

2. 姓名_____

3. 手机_____固定电话_____

4. 出生日期：_____年_____月_____日

5. 性别_____(男/女)

6. 教育程度_____

A. 文盲

B. 小学

C. 初中

D. 高中

E. 中专、中师

F. 专科

G. 本科或更高(硕士、博士)

7. 民族_____

8. 婚姻情况_____(已婚/单身)

9. 你有几位子女？_____

10. 你有近亲(父母、子女、叔姨、婶舅、侄子、侄女)离开他居住的县出外打工或者经商的吗？_____

A. 有　　　　B. 无

如果有，有几位离开他居住的县出外打工或者经商？_____

11. 你知道有无邻居离开居住的县出外打工或者经商？_____

A. 有　　　B. 无

12. 你曾经在其他的县工作或者经商吗？_____

A. 有　　　B. 无

如果你的回答是"是"，请回答以下问题。

13. 在过去十年，你在外工作或者经商总共多长时间？_____年_____月

14. 你 2009 年在外工作或者经商了多长时间？_____月（请填"0"，如果你在 2009 年没有外出）

15. 你上次外出工作或者经商的地点？_____

16. 为什么你离开你的家乡？_____（可多选）

A. 在家乡很难找到工作

B. 增加家庭收入

C. 学习新的技能

D. 父母或者其他亲朋好友建议我外出工作

E. 其他原因，请写出_____

非常感谢你的回答，在完成所有问题后，请将问卷交还给研究助理。

附录 2：实验说明

非常感谢你参加本次实验，本实验是关于风险的国际研究项目的一部分。在本实验中，如果你仔细阅读实验说明，你将更有可能得到一笔可观的报酬。

本实验共包括 3 节，在每一节你将会做许多选择。在本次实验中，你的收入将由点数进行表示：

$$1 \text{ 点} = 1 \text{ 元人民币}$$

在整个实验结束后，我们将会计算你在每一节所能获得的点数，加总你在每一节所能获得的点数并将其转换为人民币后，我们将以现金形

式单独给你。

你所做的每次选择都将是匿名的和保密的。你的选择将只被参与本项目的研究者用于研究目的。

在整个实验过程中，你不能和其他实验参与者进行任何的交流。请注意，如果你和其他实验参与者进行了任何交流，你将会被驱逐出实验，你也不会得到现金。

在任何时候，如果你有任何问题，请举手示意，研究助理将会回答你的问题。

第1节

在附带的表格中，这里有两个盒子，每个盒子中有10个球。盒子X中的10个球是5个白球和5个黑球。盒子Y中的10个球也是白球和黑球，但你不知道每种颜色球的数量。

对于每个盒子，你必须连续做出10个选择，选择从盒子中抽一个球（每次做选择时，盒子里一直有10个球），或者选择获得确定数额的点数。如果你选择从盒子中抽一个球，如果你从盒子中抽中的球是黑色的，那么你得到10点；如果你从盒子中抽中的是白球，那么你得到0点。如果你选择确定数额的点数，这个确定数额的点数在每个选择中都将是不一样的，从1~10点。所有这两个盒子20次选择中只有一次选择将会用作这一节的实际支付，我们将会在下面进行说明。

请在后面的表格中填写，你是选择接受固定数额的点数，还是选择从盒子中抽一个球。

我们怎样决定你在本节的收入？

在全部实验结束之后，你将投掷一枚硬币来决定哪一个盒子将被用来决定你的收入（盒子X或者盒子Y）。如果硬币的花色朝上，那么盒子X（盒子中有5个黑球和5个白球）将被选中。如果硬币的头像朝上，那么盒子Y（盒子中有10个白球和黑球，但你不知道每种颜色球的数量）将被选中。

随后，你会从 1~10 中随机抽取一个数字，而这个数字将表示哪一个选择将会被用来决定你的收入。

对于这个被选中的选择，如果你选择"我选择确定的点数"，你将会得到相应的点数。如果你选择从盒子中选一个球，你将会从相应的盒子中抽一个球。如果你抽的球是黑球，你在整个实验中总共获得的点数将会增加 10 点；如果你抽中的是白球，那么你将一无所获。

我们看第一个例子。假设盒子 X 的选择 4 被选中作为实际的支付。

选择编号	选项 A 确定的点数	选项 B 盒子 X
选择 4	□我选择获得确定的 4 点	□我选择从盒子 X 中抽一个球

对于这个选择，假设你选择了选项 A，你将会得到 4 点。

我们看第二个例子。假设盒子 X 的选择 8 被选中作为实际的支付。

选择编号	选项 A 确定的点数	选项 B 盒子 X
选择 8	□我选择获得确定的 8 点	□我选择从盒子 X 中抽一个球

假设在这个选择中你选择选项 B。那么你将被要求从盒子 X 中抽一个球。如果这个球的颜色是黑色，你会得到 10 点。如果这个球的颜色是白色，你只能得到 0 点。

我们看第三个例子。假设盒子 Y 的选择 6 被选中作为实际的支付。

选择编号	选项 A 确定的点数	选项 B 盒子 Y
选择 6	□我选择获得确定的 6 点	□我选择从盒子 Y 中抽一个球

假设在这个选择中你选择选项 B。那么你将会被要求从盒子中抽一个球。如果这个球的颜色是黑色,你会得到 10 点;如果这个球的颜色是白色,你仅能得到 0 点。

如果你有任何问题,请举手示意,我们将会独自回答你的问题。

理解性测试

请回答以下问题:

问题一:以盒子 X(盒子中有 5 个黑球和 5 个白球)的第 1 个选择为例,假设你选择了选项 A。

选择编号	选项 A 确定的点数	选项 B 盒子 X
选择 1	□我选择获得确定的 1 点	□我选择从盒子 X 中抽一个球

你能够得到_____点。

问题二:以盒子 X(盒子中有 5 个黑球和 5 个白球)的第 7 个选择为例,假设你选择了选项 B。

选择编号	选项 A 确定的点数	选项 B 盒子 X
选择 7	□我选择获得确定的 7 点	□我选择从盒子 X 中抽一个球

如果你抽的球是黑色,你能够得到_____点。

如果你抽的球是白色,你能够得到_____点。

问题三:以盒子 Y(盒子中有 10 个白球和黑球,但你不知道每种颜色球的数量)的第 7 个选择为例,假设你选择了选项 B。

选择编号	选项 A 确定的点数	选项 B 盒子 Y
选择 7	□我选择获得确定的 7 点	□我选择从盒子 Y 中抽一个球

如果你抽的球是黑色，你能够得到_____点。

如果你抽的球是白色，你能够得到_____点。

如果你对于实验说明有任何问题，请举手示意，我们将会独自回答你的问题。在实验过程中的互相交流是严格被禁止的。

编号_____

对于每一个选择，请在选项 A 或者选项 B 画钩（"√"）以表明你的选择。一旦你完成所有选择，请将表格交给研究助理。

盒子 X(5 个黑球和 5 个白球)

选择编号	选项 A 确定的点数	选项 B 盒子 X
选择 1	□我选择获得确定的 1 点	□我选择从盒子 X 中抽一个球
选择 2	□我选择获得确定的 2 点	□我选择从盒子 X 中抽一个球
选择 3	□我选择获得确定的 3 点	□我选择从盒子 X 中抽一个球
选择 4	□我选择获得确定的 4 点	□我选择从盒子 X 中抽一个球
选择 5	□我选择获得确定的 5 点	□我选择从盒子 X 中抽一个球
选择 6	□我选择获得确定的 6 点	□我选择从盒子 X 中抽一个球
选择 7	□我选择获得确定的 7 点	□我选择从盒子 X 中抽一个球
选择 8	□我选择获得确定的 8 点	□我选择从盒子 X 中抽一个球
选择 9	□我选择获得确定的 9 点	□我选择从盒子 X 中抽一个球
选择 10	□我选择获得确定的 10 点	□我选择从盒子 X 中抽一个球

非常感谢你的回答。请将表格交给研究助理，请不要相互交谈！

编号_____

对于每一个选择，请在选项A或者选项B后画钩("✓")以表明你的选择。一旦你完成所有选择，请将表格交给研究助理。

盒子Y(10个黑球和白球，但不知道每种球的数量)

选择编号	选项A 确定的点数	选项B 盒子Y
选择1	□我选择获得确定的1点	□我选择从盒子Y中抽一个球
选择2	□我选择获得确定的2点	□我选择从盒子Y中抽一个球
选择3	□我选择获得确定的3点	□我选择从盒子Y中抽一个球
选择4	□我选择获得确定的4点	□我选择从盒子Y中抽一个球
选择5	□我选择获得确定的5点	□我选择从盒子Y中抽一个球
选择6	□我选择获得确定的6点	□我选择从盒子Y中抽一个球
选择7	□我选择获得确定的7点	□我选择从盒子Y中抽一个球
选择8	□我选择获得确定的8点	□我选择从盒子Y中抽一个球
选择9	□我选择获得确定的9点	□我选择从盒子Y中抽一个球
选择10	□我选择获得确定的10点	□我选择从盒子Y中抽一个球

非常感谢你的回答。请将表格交给研究助理，请不要相互交谈！

第2节

在这一节，这里有两个不同的实验者，实验者甲和实验者乙。你的收入或者损失的点数取决于你的选择，其他人的选择及实验结束后哪个选择被随机选为实际支付。

你将以实验者甲的角色，做出16个连续选择。在每个选择中，实验者甲必须选择与实验者乙分配收入的比例。实验者乙则只能接受实验者甲的选择。

在每个选择中，你必须在选项A(左边的列)和选项B(右边的列)中做出选择。在整个实验结束后，每一个选择有相同的概率被抽取作为实际的支付，所以你在做每次选择时都应该慎重。

在整个实验结束后，我们将会将你与参加实验的另外一个实验者进行随机配对，但你不会知道谁与你进行了配对。接下来，我们将会随机分配你和与你配对的实验者分别为实验者甲和实验者乙。

接下来，你会从 1～16 中随机抽取一个数字来决定 16 个选择中，具体哪个选择被选中从而来决定你的实际的收入或者损失。

如果你被分配为实验者甲，你得到或者损失在这个选择中你为自己选择的点数。如果你被分配为实验者乙，在这个选择中你得到或者损失与你配对的实验者甲为你选择的数额。

我们看第一个例子。假设你被分配为实验者乙，同时选择 3 被选中作为实际的支付。

选项 A	选项 B
实验者甲收入 3 点	实验者甲收入 8 点
实验者乙收入 3 点	实验者乙收入 2 点
□我选择选项 A	□我选择选项 B

如果实验者甲选择选项 A，他或她收入 3 点，同时你也收入 3 点。如果实验者甲选择选项 B，他或她收入 8 点，同时你收入 2 点。

我们看第二个例子。假设你被分配为实验者甲，同时选择 6 被选中作为实际的支付。

选项 A	选项 B
实验者甲收入 6 点	实验者甲收入 8 点
实验者乙收入 6 点	实验者乙收入 2 点
□我选择选项 A	□我选择选项 B

如果你选择选项 A，你收入 6 点，与你配对的实验者乙收入 6 点。如果你选择选项 B，你收入 8 点，与你配对的实验者乙收入 2 点。

我们看第三个例子。假设你被分配为实验者甲，同时选择12被选中作为实际的支付。

选项 A	选项 B
实验者甲收入-4点	实验者甲收入-2点
实验者乙收入-4点	实验者乙收入-8点
□我选择选项 A	□我选择选项 B

如果你选择选项 A，你损失4点，同时实验者乙损失4点。如果你选择选项 B，你损失2点，同时实验者乙损失8点。

我们看第四个例子。假设你被分配为实验者乙，同时选择16被选中作为实际的支付。

选项 A	选项 B
实验者甲收入-8点	实验者甲收入-2点
实验者乙收入-8点	实验者乙收入-8点
□我选择选项 A	□我选择选项 B

如果实验者甲选择了选项 A，他或她损失8点，你也损失8点。如果实验者甲选择了选项 B，他或她损失2点，你损失8点。

如果你有任何问题，请举手示意，我们将会独自回答你的问题。在实验中，实验参与者之间的任何相互交流都是被严格禁止的。

理解性测试

请回答以下问题：

问题一：以选择2为例，假设实验者甲选择了选项 A。

选项 A	选项 B
实验者甲收入2点	实验者甲收入8点
实验者乙收入2点	实验者乙收入2点

(a)实验者甲能够得到_____点；

(b)实验者乙能够得到_____点。

问题二：以选择 8 为例，假设实验者甲选择了选项 B。

选项 A	选项 B
实验者甲收入 8 点	实验者甲收入 8 点
实验者乙收入 8 点	实验者乙收入 2 点

(c)实验者甲能够得到_____点；

(d)实验者乙能够得到_____点。

问题三：以选择 10 为例，假设实验者甲选择了选项 B。

选项 A	选项 B
实验者甲收入 -2 点	实验者甲收入 -2 点
实验者乙收入 -2 点	实验者乙收入 -8 点

(e)实验者甲会损失_____点；

(f)实验者乙会损失_____点。

问题四：以选择 14 为例，假设实验者甲选择了选项 A。

选项 A	选项 B
实验者甲收入 -6 点	实验者甲收入 -2 点
实验者乙收入 -6 点	实验者乙收入 -8 点

(g)实验者甲会损失_____点；

(h)实验者乙会损失_____点。

编号_____

对于每一个选择，请在选项 A 或者选项 B 前打钩("√")来表示你的选择。如果你有任何问题，请举手示意，研究助理将会独自解答你的问题。在实验过程中，实验参与者之间的任何交流都是被严格禁止的。

选择一

选项 A	选项 B
实验者甲收入 1 点	实验者甲收入 8 点
实验者乙收入 1 点	实验者乙收入 2 点
□ 我选择选项 A	□ 我选择选项 B

选择二

选项 A	选项 B
实验者甲收入 2 点	实验者甲收入 8 点
实验者乙收入 2 点	实验者乙收入 2 点
□ 我选择选项 A	□ 我选择选项 B

选择三

选项 A	选项 B
实验者甲收入 3 点	实验者甲收入 8 点
实验者乙收入 3 点	实验者乙收入 2 点
□ 我选择选项 A	□ 我选择选项 B

选择四

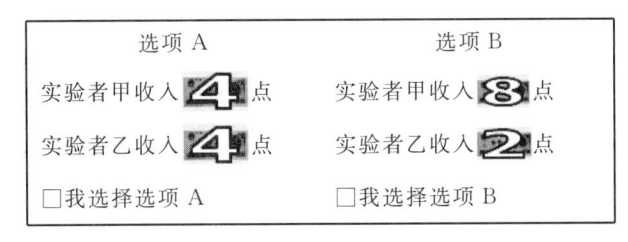

选项 A	选项 B
实验者甲收入 4 点	实验者甲收入 8 点
实验者乙收入 4 点	实验者乙收入 2 点
□ 我选择选项 A	□ 我选择选项 B

选择五

选项 A	选项 B
实验者甲收入 5 点	实验者甲收入 8 点
实验者乙收入 5 点	实验者乙收入 2 点
□ 我选择选项 A	□ 我选择选项 B

选择六

选项 A	选项 B
实验者甲收入 6 点	实验者甲收入 8 点
实验者乙收入 6 点	实验者乙收入 2 点
□ 我选择选项 A	□ 我选择选项 B

选择七

选项 A	选项 B
实验者甲收入 7 点	实验者甲收入 8 点
实验者乙收入 7 点	实验者乙收入 2 点
□ 我选择选项 A	□ 我选择选项 B

选择八

选项 A	选项 B
实验者甲收入 8 点	实验者甲收入 8 点
实验者乙收入 8 点	实验者乙收入 2 点
□ 我选择选项 A	□ 我选择选项 B

选择九

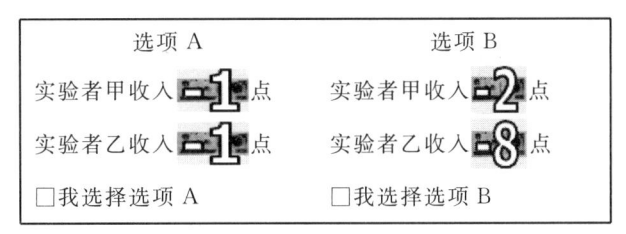

选项 A	选项 B
实验者甲收入-1点	实验者甲收入-2点
实验者乙收入-1点	实验者乙收入-8点
□我选择选项 A	□我选择选项 B

选择十

选项 A	选项 B
实验者甲收入-2点	实验者甲收入-2点
实验者乙收入-2点	实验者乙收入-8点
□我选择选项 A	□我选择选项 B

选择十一

选项 A	选项 B
实验者甲收入-3点	实验者甲收入-2点
实验者乙收入-3点	实验者乙收入-8点
□我选择选项 A	□我选择选项 B

选择十二

选项 A	选项 B
实验者甲收入-4点	实验者甲收入-2点
实验者乙收入-4点	实验者乙收入-8点
□我选择选项 A	□我选择选项 B

选择十三

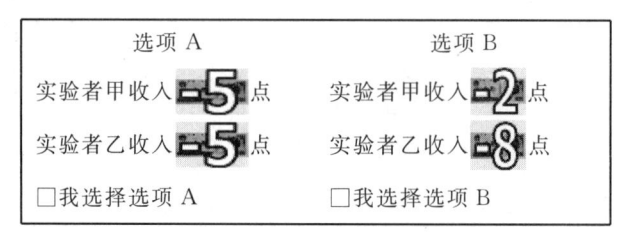

选项 A	选项 B
实验者甲收入-5点	实验者甲收入-2点
实验者乙收入-5点	实验者乙收入-8点
□我选择选项 A	□我选择选项 B

选择十四

选项 A	选项 B
实验者甲收入-6点	实验者甲收入-2点
实验者乙收入-6点	实验者乙收入-8点
□我选择选项 A	□我选择选项 B

选择十五

选项 A	选项 B
实验者甲收入-7点	实验者甲收入-2点
实验者乙收入-7点	实验者乙收入-8点
□我选择选项 A	□我选择选项 B

选择十六

选项 A	选项 B
实验者甲收入-8点	实验者甲收入-2点
实验者乙收入-8点	实验者乙收入-8点
□我选择选项 A	□我选择选项 B

非常感谢你的回答。请将表格交给研究助理，请不要相互交谈！

第 3 节

在本节实验中，包含了 3 个依次进行的小节总共 12 个选择，每个小节包含了几个是否选择去池塘钓鱼的选择。在完成所有实验后，这 12 个选择中的一个将会被随机选择作为实际的支付。

3.1

在这一小节中有 8 个选择，在每个选择中，你会先收到 6 点，然后依据点数决定是否去池塘中钓鱼。在每个选择中，我们将会公布一个数字 C。你可以将 C 看作池塘的容量，以及能够容纳钓鱼者的人数。例如，如果 $C=3$，那么 3 个技术最高的进入池塘钓鱼的人能够钓到鱼（得到点数），而其他的低技术的进入池塘钓鱼的人则钓不到鱼（损失点数）。在所有的这 8 个选择中，技术水平高于池塘容量的进入池塘钓鱼的人会损失一定的点数，技术水平低于池塘容量的进入池塘钓鱼的人会损失一定的点数。

在每一个选择中，你的任务是与其他实验参与者同时决定是否进入一个池塘进行钓鱼。在这 8 个选择中，如果你不去钓鱼，那么你不会得到点数，同时你也不会损失点数。所以，如果你想要保证你不会损失点数，不进入池塘钓鱼即可；如果你选择进入池塘钓鱼，那么你所能获得或者损失的点数是由相应的收入表格，以及你相对于其他选择进入池塘钓鱼的人的钓鱼技术水平所决定的。

在每一个选择中，我们将会分发一个包含池塘容量和收入表格的纸张。你被要求在纸张中相应表格处填写以下两条信息：第一，你估计的进入池塘钓鱼的钓鱼人数（不包括你自己在内，即 0~11）；第二，你是否选择进入或不进入池塘钓鱼（在相应空格处打钩）。

接下来的例子是其中一个选择中的收入表格。

例如，假设收入状况如下图所示，在这张收入表格中池塘容量 $C=4$，你的初始点数是 6 点。

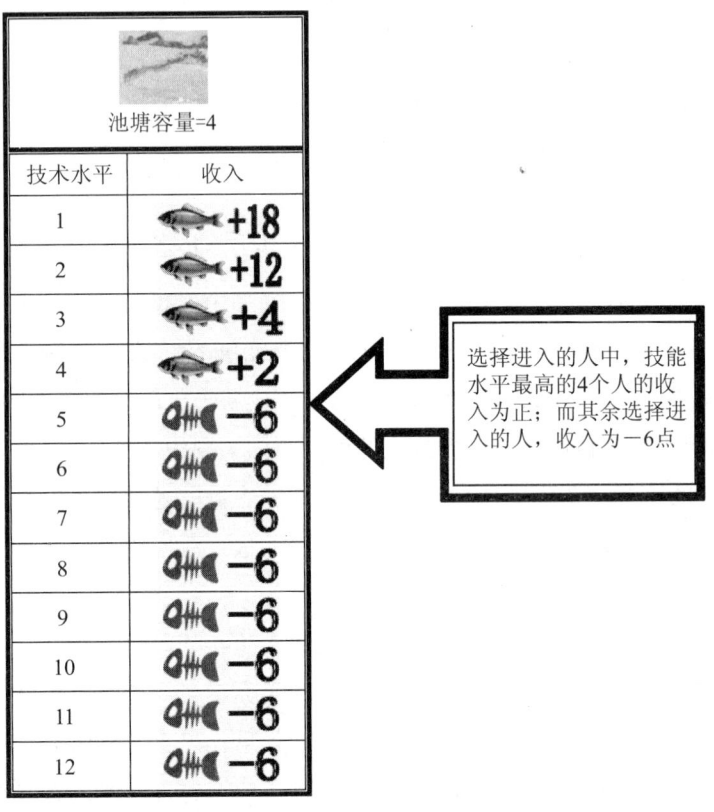

技术水平	收入
	池塘容量=4
1	+18
2	+12
3	+4
4	+2
5	−6
6	−6
7	−6
8	−6
9	−6
10	−6
11	−6
12	−6

选择进入的人中，技能水平最高的4个人的收入为正；而其余选择进入的人，收入为−6点

请写下你的预测和选择。

1. 在其他11个参与者中，你认为有多少人会选择进入池塘钓鱼。_____（数字请填写0~11）

2. 你的选择是：□进入池塘钓鱼　　□不进入池塘钓鱼（请在相应选择前打钩）。

假设你选择进入池塘钓鱼。如果你的钓鱼技术水平在所有选择进入池塘的钓鱼人中是排第一的，你将会得到18点。如果你的钓鱼技术水平是排第二的，你可得到12点。如果你的钓鱼技术水平是排第三的，你仅能得到4点。如果你的钓鱼技术水平是排第四的，你只能得到2点。如果你的钓鱼技术水平是排第五或者更低的，你将会被减去6点。

怎样决定你的钓鱼技术？

你的钓鱼技术是以如下方式决定的。在整个实验结束之后，如果一个选择被选中作为实际的支付，我们将会计算在这个选择中选进入池塘的钓鱼者人数。我们将会准备纸条分别写有所有选择进入池塘钓鱼者的编号。我们会从中任意抽取纸条，第一张被抽取的纸条上的编号代表这位选择进入池塘的钓鱼人的钓鱼技术为最高（钓鱼技术为1）；第二张被抽取纸条上的编号代表这位选择进入池塘的钓鱼人的钓鱼技术为第二高（钓鱼技术为2）。依此类推，最后一张被抽取纸条上的编号代笔这位选择进入池塘的钓鱼人的钓鱼技术为最低。

你在这部分的收入是如何决定的？

在整个实验结束后，我们将会把分别标有数字1~12的12张纸条放入一个包里。我们将会从包里任意抽一张纸条。被抽纸条上的数字代表作为实际支付的选择。因为每一个纸条有相同的机会被抽中，所以你在做每次选择时都应该慎重。

对于被选中作为实际支付的选择，我们通过如下方式决定你的收入。

——如果你对于选择进入池塘钓鱼的人数预测是正确的，那么你将会得到2点。

——我们将会计算在该选择中进入池塘钓鱼的人数。如果你决定进入池塘钓鱼，我们将会将你的钓鱼技术水平与其他选择进入池塘钓鱼的人的钓鱼技术水平进行比较。如果你的技术水平是高于池塘容量所对应的最低技术水平的，你会得到相应的点数。如果你的技术水平低于池塘容量所对应的最低技术水平，你会损失相应的点数。

——你的在本部分所能获得的全部点数＝你在该选择获得的初始点数＋你对本选择进入人数正确预测所获得的点数＋你在选择进入或者不进入池塘钓鱼中获得或者失去的点数。

如果你有任何问题，请举手示意，我们将会独自地回答你的问题。实验过程中，实验参与者之间的任何交流都是被严格禁止的。

理解性测试

请看如下的例子，在这个池塘中，最多只能有6个实验参与者通过选择进入池塘来获得点数，你的初始点数是6点。请计算在如下情形下，你在该选择中所能获得的点数之和(包括你的初始点数)。

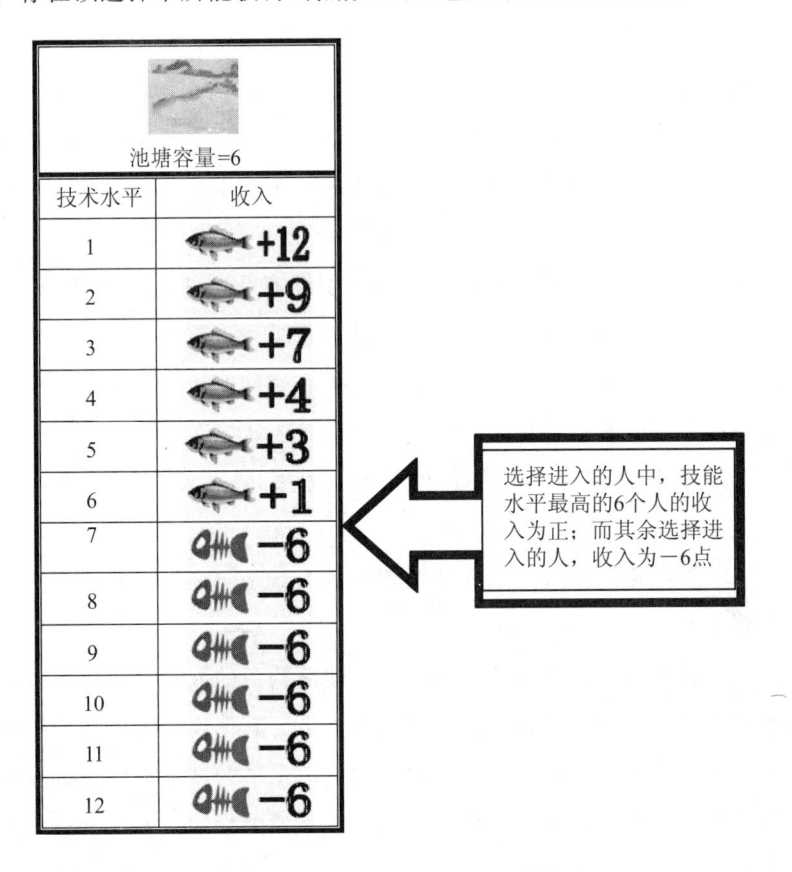

池塘容量=6	
技术水平	收入
1	+12
2	+9
3	+7
4	+4
5	+3
6	+1
7	−6
8	−6
9	−6
10	−6
11	−6
12	−6

选择进入的人中，技能水平最高的6个人的收入为正；而其余选择进入的人，收入为−6点

(a) 你选择不进入池塘钓鱼，你对于池塘的进入人数预测是错误的。你总共收入_____点。

(b) 你选择不进入池塘钓鱼，你对于池塘的进入人数预测是正确的。你总共收入_____点。

(c) 你选择进入池塘钓鱼，你对于池塘的进入人数预测是错误的，同时你在进入者中技术水平排第二位。你总共收入_____点。

(d)你选择进入池塘钓鱼。你对于池塘的进入人数预测是正确的,同时你在进入者中技术水平排第十位。你总共收入_____点。

非常感谢你的回答。当你完成理解性测试后,请举手示意;研究助理将会过来查看你的答案。

现在我们开始实验,研究助理将会向你分发实验材料。在实验过程中,请保持安静。

编号_____

选择一:

池塘容量=4	
技术水平	收入
1	+9
2	+9
3	+9
4	+9
5	-6
6	-6
7	-6
8	-6
9	-6
10	-6
11	-6
12	-6

选择进入的人中,技能水平最高的4个人的收入为正;而其余选择进入的人,收入为-6点

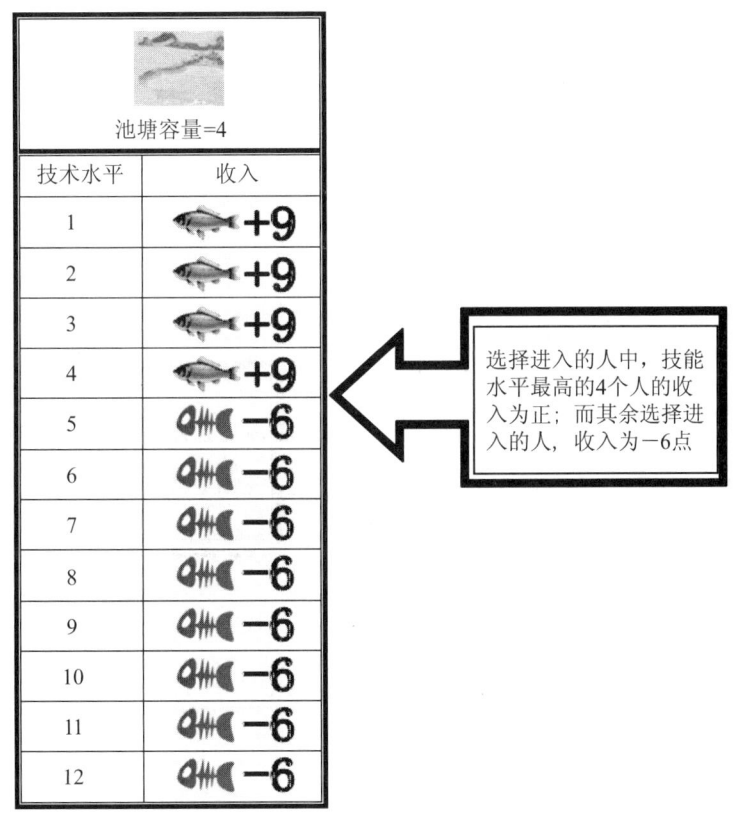

请写下你的预测和选择。

1. 在其他11个参与者中,你认为有多少人会选择进入池塘钓鱼。_____(请填写数字0~11)

2. 你的选择是：□进入池塘钓鱼　　□不进入池塘钓鱼（请在相应选择前打钩）

编号_____

选择二：

技术水平	收入
池塘容量=9	
1	+8
2	+7
3	+6
4	+5
5	+4
6	+2
7	+2
8	+1
9	+1
10	−6
11	−6
12	−6

选择进入的人中，技能水平最高的9个人的收入为正；而其余选择进入的人，收入为−6点

请写下你的预测和选择。

1. 在其他11个参与者中，你认为有多少参与者会选择进入池塘钓鱼。_____（请填写数字0～11）

2. 你的选择是：□进入池塘钓鱼　　□不进入池塘钓鱼（请在相应选择前打钩）

编号_____

选择三:

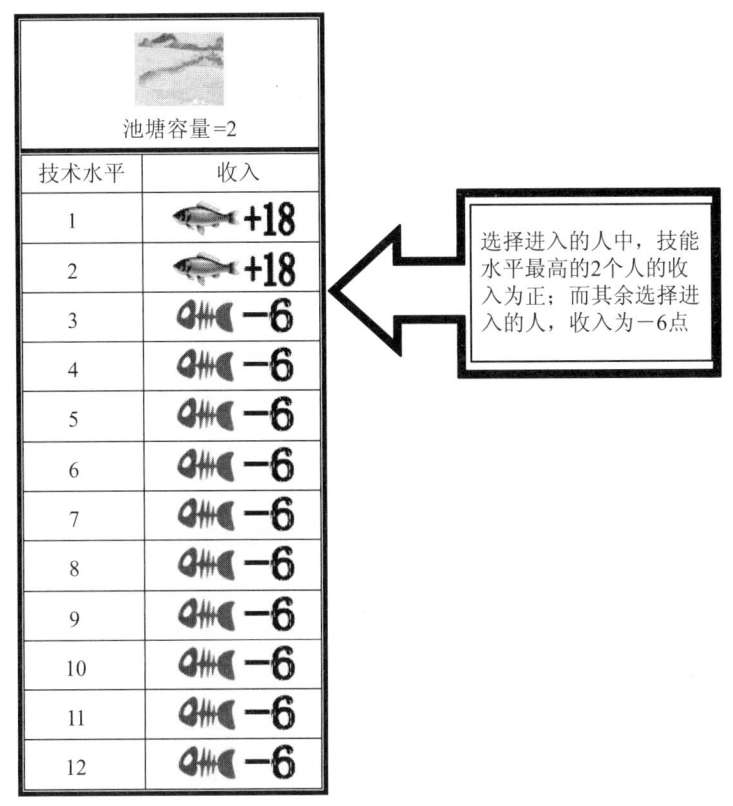

池塘容量=2	
技术水平	收入
1	+18
2	+18
3	−6
4	−6
5	−6
6	−6
7	−6
8	−6
9	−6
10	−6
11	−6
12	−6

⬅ 选择进入的人中,技能水平最高的2个人的收入为正;而其余选择进入的人,收入为−6点

请写下你的预测和选择。

1. 在其他11个参与者中,你认为有多少人会选择进入池塘钓鱼。_____(请填写数字0~11)

2. 你的选择是:□进入池塘钓鱼　　□不进入池塘钓鱼(请在相应选择前打钩)

编号_____

选择四：

技术水平	收入
	池塘容量=9
1	+4
2	+4
3	+4
4	+4
5	+4
6	+4
7	+4
8	+4
9	+4
10	-6
11	-6
12	-6

选择进入的人中，技能水平最高的9个人的收入为正；而其余选择进入的人，收入为-6点

请写下你的预测和选择。

1. 在其他11个参与者中，你认为有多少人会选择进入池塘钓鱼。_____（请填写数字0~11）

2. 你的选择是：□进入池塘钓鱼　　□不进入池塘钓鱼（请在相应

选择前打钩）

编号_____

选择五：

技术水平	收入
	池塘容量=2
1	+27
2	+9
3	-6
4	-6
5	-6
6	-6
7	-6
8	-6
9	-6
10	-6
11	-6
12	-6

选择进入的人中，技能水平最高的2个人的收入为正；而其余选择进入的人，收入为-6点

请写下你的预测和选择。

1. 在其他11个参与者中，你认为有多少人会选择进入池塘钓鱼。

_____（请填写数字0~11）

2. 你的选择是：□进入池塘钓鱼　　□不进入池塘钓鱼（请在相应选择前打钩）

编号_____

选择六：

技术水平	收入
池塘容量=6	
1	+12
2	+9
3	+7
4	+4
5	+3
6	+1
7	－6
8	－6
9	－6
10	－6
11	－6
12	－6

选择进入的人中，技能水平最高的6个人的收入为正；而其余选择进入的人，收入为－6点

请写下你的预测和选择。

1. 在其他11个参与者中，你认为有多少人会选择进入池塘钓鱼。_____（请填写数字0～11）

2. 你的选择是：□进入池塘钓鱼　　□不进入池塘钓鱼（请在相应选择前打钩）

编号_____

选择七：

技术水平	收入
	池塘容量=6
1	+6
2	+6
3	+6
4	+6
5	+6
6	+6
7	−6
8	−6
9	−6
10	−6
11	−6
12	−6

选择进入的人中，技能水平最高的6个人的收入为正；而其余选择进入的人，收入为−6点

请写下你的预测和选择。

1. 在其他11个参与者中，你认为有多少人会选择进入池塘钓鱼。_____（请填写数字0～11）

2. 你的选择是：□进入池塘钓鱼　　□不进入池塘钓鱼（请在相应选择前打钩）

编号_____

选择八：

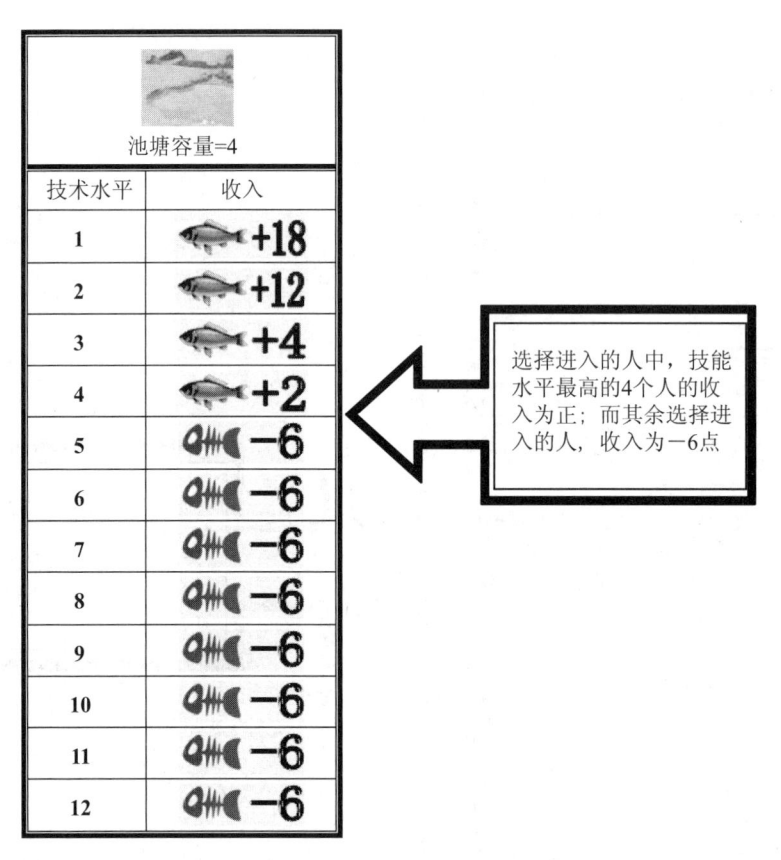

技术水平	收入
	池塘容量=4
1	+18
2	+12
3	+4
4	+2
5	−6
6	−6
7	−6
8	−6
9	−6
10	−6
11	−6
12	−6

选择进入的人中，技能水平最高的4个人的收入为正；而其余选择进入的人，收入为−6点

请写下你的预测和选择。

1. 在其他11个参与者中，你认为有多少人会选择进入池塘钓鱼。_____（请填写数字0~11）

2. 你的选择是：□进入池塘钓鱼　　□不进入池塘钓鱼（请在相应选择前打钩）

非常感谢你的回答。请将表格交给研究助理，请不要相互交谈！

3.2

在这一小节中有2个选择,在每个选择,你仍旧会先收到6点,然后决定是否去池塘中钓鱼。这一小节的不同之处在于,池塘的容量是未知的,你不知道多少个技术最高的进入池塘钓鱼的人能够钓到鱼(得到点数),而其他的低技术的进入池塘钓鱼的人则钓不到鱼(损失点数)。

接下来的表格是其中一个选择中的收入表格的例子,在这张收入表格中你不知道池塘的容量,你的初始点数仍旧是6点。

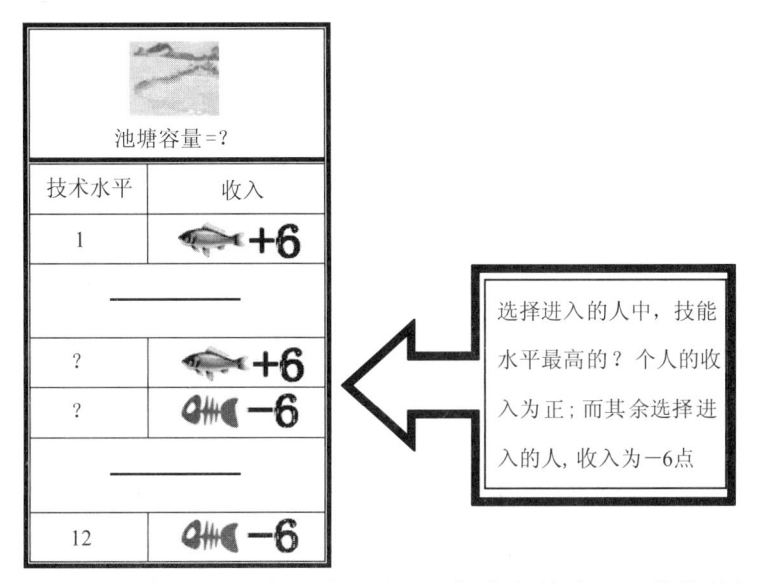

技术水平	收入
池塘容量=?	
1	+6
—	—
?	+6
?	−6
—	—
12	−6

选择进入的人中,技能水平最高的?个人的收入为正;而其余选择进入的人,收入为−6点

如果你有任何问题,请举手示意,我们将会单独地回答你的问题。实验过程中,实验参与者之间的任何交流都是被严格禁止的。

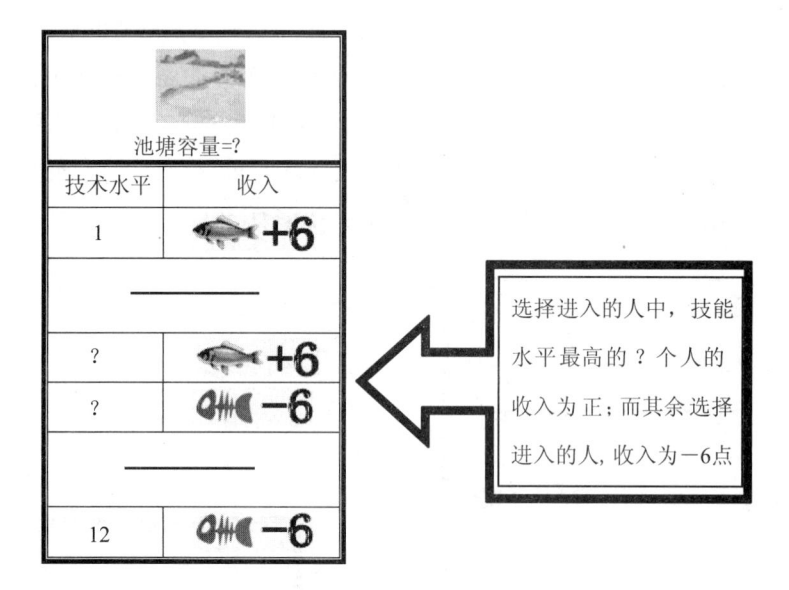

编号_____

选择一：

技术水平	收入
池塘容量=?	
1	+6
——	——
?	+6
?	-6
——	——
12	-6

选择进入的人中，技能水平最高的？个人的收入为正；而其余选择进入的人，收入为-6点

请写下你的预测和选择。

1. 在其他11个参与者中，你认为有多少人会选择进入池塘钓鱼。_____（请填写数字0～11）

2. 你的选择是：□进入池塘钓鱼　　□不进入池塘钓鱼（请在相应选择前打钩）

编号_____

选择二：

池塘容量=?	
技术水平	收入
1	+12
—	
?	+12
?	−6
—	
12	−6

选择进入的人中，技能水平最高的?个人的收入为正；而其余选择进入的人，收入为−6点

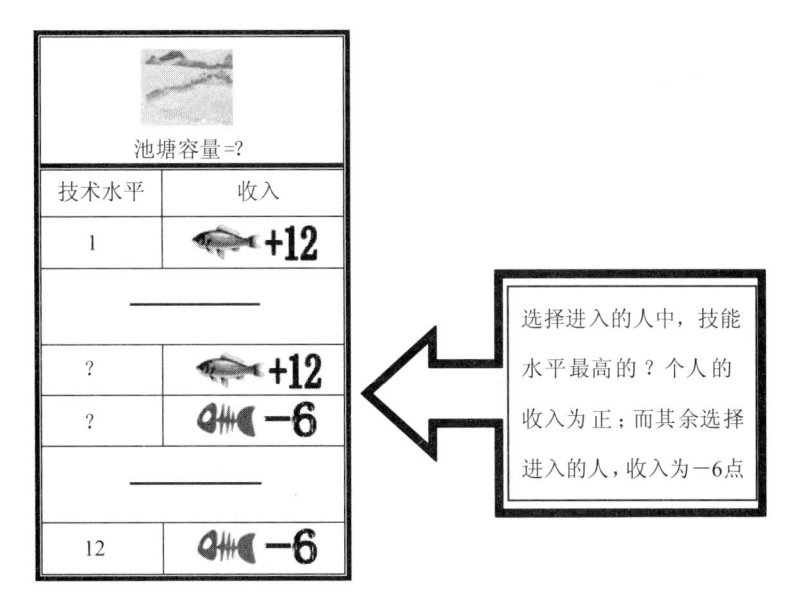

请写下你的预测和选择。

1. 在其他 11 个参与者中，你认为有多少人会选择进入池塘钓鱼。_____（请填写数字 0～11）

2. 你的选择是：□进入池塘钓鱼　　□不进入池塘钓鱼（请在相应选择前打钩）

非常感谢你的回答。请将表格交给研究助理，请不要相互交谈！

3.3

在这一小节中仍旧有 2 个选择，在每个选择，你仍旧会先收到 6 点，然后决定是否去池塘中钓鱼。在这两个选择中，不管你选择进入池塘钓鱼还是不进入池塘钓鱼，实验参与者都会损失点数。如果实验参与者选择进入池塘钓鱼，并且技术水平在池塘容量之上，则损失的点数更少；而实验参与者选择进入池塘钓鱼，并且技术水平在池塘容量之下，则损失的点数更多。如果你不选择进入，你将会损失 6 点。

接下来的表格是其中一个选择中的收入表格的例子。例如，在如下的支付表格中，池塘的容量是4。在本选择中，如果你选择不进入池塘钓鱼，你会损失4点；如果你选择进入池塘钓鱼并且你的技术水平在池塘容量之上，你会损失得更少；如果你选择进入池塘钓鱼并且你的技术水平在池塘容量之下，你将会损失6点。

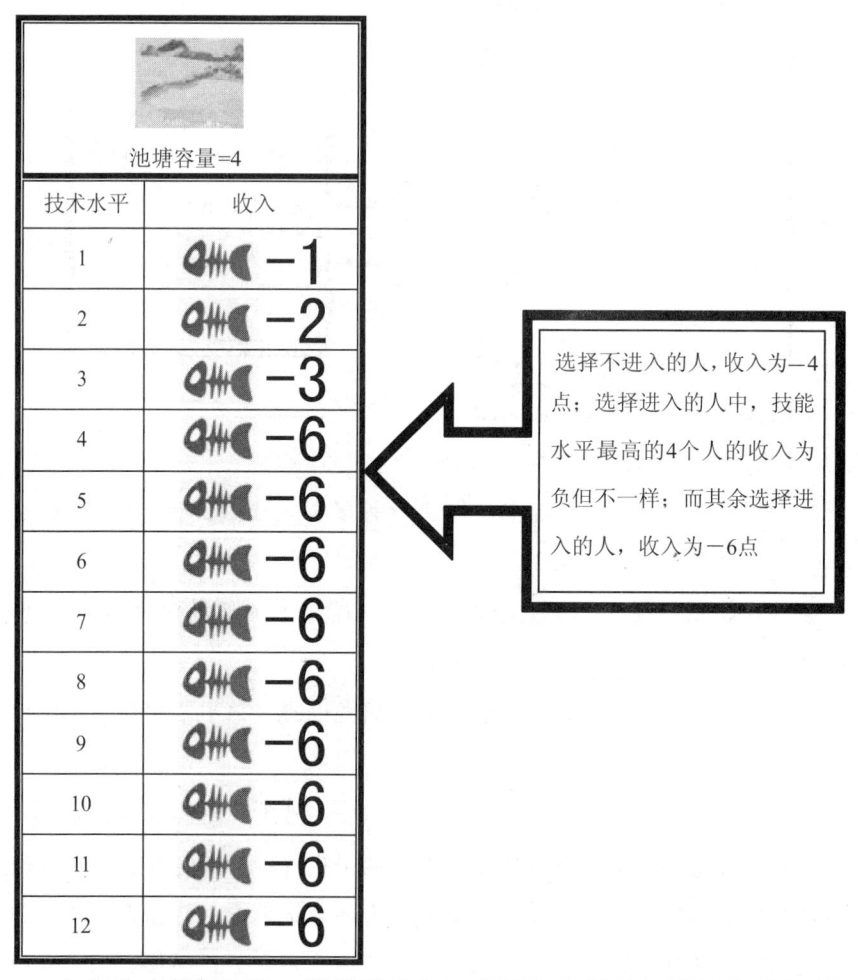

池塘容量=4	
技术水平	收入
1	−1
2	−2
3	−3
4	−6
5	−6
6	−6
7	−6
8	−6
9	−6
10	−6
11	−6
12	−6

选择不进入的人，收入为−4点；选择进入的人中，技能水平最高的4个人的收入为负但不一样；而其余选择进入的人，收入为−6点

如果你有任何问题，请举手示意，我们将会单独地回答你的问题。实验过程中，实验参与者之间的任何交流都是被严格禁止的。

编号_____

选择一：

在这个选择中，你即使选择不进入，仍旧会损失 4 点。如果你选择进入，并且技术水平在池塘容量之上，你损失的点数更少，否则损失的点数则更多。

池塘容量=?	
技术水平	收入
1	-3
2	-3
3	-3
4	-3
5	-6
6	-6
7	-6
8	-6
9	-6
10	-6
11	-6
12	-6

选择进入的人中，技能水平最高的4个人的收入为−3点；而其余选择进入的人，收入为−6点；选择不进入的人，收入为−4点

请写下你的预测和选择。

1. 在其他 11 个参与者中，你认为有多少人会选择进入池塘钓鱼。

_____（请填写数字 0～11）

2. 你的选择是：□进入池塘钓鱼　　□不进入池塘钓鱼（请在相应选择前打钩）

编号_____

选择二：

在这个选择中，你即使选择不进入，仍旧会损失 4 点。如果你选择进入，并且技术水平在池塘容量之上，你损失的点数更少，否则损失的点数则更多。

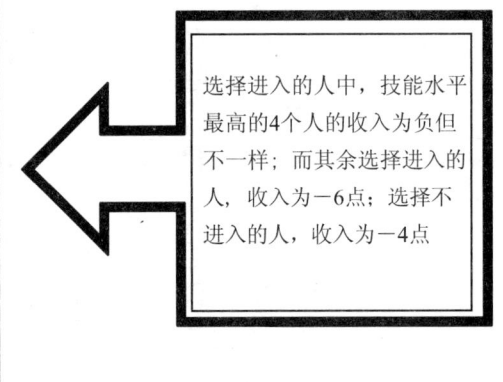

池塘容量＝？	
技术水平	收入
1	-1
2	-2
3	-3
4	-6
5	-6
6	-6
7	-6
8	-6
9	-6
10	-6
11	-6
12	-6

选择进入的人中，技能水平最高的4个人的收入为负但不一样；而其余选择进入的人，收入为-6点；选择不进入的人，收入为-4点

请写下你的预测和选择。

1. 在其他11个参与者中，你认为有多少人会选择进入池塘钓鱼。_____（请填写数字0~11）

2. 你的选择是：□进入池塘钓鱼　　□不进入池塘钓鱼（请在相应选择前打钩）

非常感谢你的回答。请将表格交给研究助理，请不要相互交谈！

第 2 章

留面子：一个关于映像和群体认同的实验

2.1 导　言

在外交场合，在非正式合同执行、在商业网络和劳动关系维护、在商业谈判中，考虑本人和其他人的映像是非常重要的(Ting-Toomey，2005)。然而个人或者组织的映像可能因为相对排位的公布，而使得表现最好的人获得表扬但同时使表现最差的人因受到侮辱而造成损害，这种相对排位公布的例子包括学校质量、论文引用率、学者和在线销售网站卖家排名，当然也包括在组织中对员工表现进行排名。对员工进行排位可以激励具有竞争偏好的人努力工作以超越其他员工，但也可能产生负面影响和造成效率降低。具体来说，感觉丢脸面的员工可能因此不认同公司并且使得他们采取不使自己丢脸面的行为。

个人和组织愿意通过努力避免在特定场合公开暴露以维护他们的映像；然而他们是否愿意放弃一部分物质利益来维护脸面仍旧是未知的。社会心理学家已经证实维护映像在社会中是如何重要(Spencer *et al*.，2001；Baumeister *et al*.，2005；Mruk，2006)。社会学家也发现维护自尊和为他人考虑使得人们在社会交往中愿意维护自己和他人的脸面。Goffman将脸面定义为"一种对所认同社会属性自我描述的映像"(2005，p.5)并认为维护脸面是社会交往中的普遍准则，然而经济学家并没有对维护自我和其他人的脸面进行广泛和深入的研究。本章旨在通过对映像和社会偏好进行经济分析以更好地对此加以理解。最近行为经济学家将自我映像作为一种自尊效用包含在经济学模型中(Benabou和Tirole，2002，2006；Koszegi，2006)。这些理论模型和对映像的经验检验(Johansson-Stenman 和 Svedsater，2012；Johansson-Stenman 和 Martinsson，2005；Alpizar *et al*.，2008；Ariely *et al*.，2009；Lacera 和 Macis，2010；Cappelen *et al*.，2012)证明人们在乎其他人是如何看待他们的行为。同时人们的行为受到其他人如何看待他们行为的影响并渴望获得其他人的尊重(Ellingsen 和 Johannesson, 2007; 2008a; Erikson 和 Villeval, 2011)。然而这些研究并没有直接探讨人们在公共场合维护自己和其他人脸面的代价。本章从四方面对当前研究做出贡献。

第一,我们使用实验研究人们是否愿意放弃物质利益来避免公开暴露(保留脸面)。具体来说,公开暴露意味着实验参与者在一个任务中和其他参与者相比表现是最差的,而在这个任务中,不做任何努力是一个均衡结果。我们并没有打算精确测定保留脸面的价值,而仅仅研究人们是否愿意利用这个机会来避免暴露。

第二,我们分析多少比例的人愿意在不获得个人物质利益的情况下愿意付出成本以维护其他人的脸面。在实验设计中,这样的行为不能以不公平性厌恶或者互惠行为来加以解释(Andreoni 和 Niller, 2002),而只能用在映像和自尊等非物质方面的利他主义和维护社会和谐的规范来加以解释(Fehr 和 Fischbacher, 2003)。

第三,我们研究群体认同(group identity)是否加强了维护自己和其他人映像的意愿。总的来说,个体及群体认同和脸面关系的研究在当前文献中是较少涉及的(Spencer-Oatey, 2007)[①]。从我们的视角来看,是否属于同一个群体的组员和来自其他群体的组员相比更加愿意付出成本以维护他们自己和其他组员的脸面?通过回答这些问题,我们对当前关于群体认同的经济学文献(Akerlof 和 Kranton, 2000; Bowles 和 Gintis, 2004; Fershtman 和 Gneezy, 2001; Bernhard et al., 2006; Charness et al., 2007; Chen 和 Li, 2009; Hargreaves Heap 和 Zizzo, 2009; Zizzo, 2011; Goette et al., 2012; Masella et al., 2012)做出贡献。

---

① 根据 Spence-Oatey(2007)的定义,脸面是和映像感性的正面特征和因群体认同而不同的价值判断相关联。

第四，本章一方面是测试努力如何受到公开暴露威胁和公开暴露本身的影响。从事前的角度来看，公开暴露的威胁是否使实验参与者提高努力程度以避免公开暴露？例如，当偷税漏税行为被发现并导致偷税人照片被公开时，纳税人会否因为预期到因此带来的羞愧情感而更加愿意照章纳税(Coricelli et al. ，2010，2013)。另一方面，我们已经知道因不够努力而被上级经济惩罚的威胁可能会挫伤工人的内部激励(Gneezy 和 Rustichini，2000；Dickinson 和 Villeval，2009)。我们的研究尝试验证是否这种效应在映像领域也依旧存在。从事后的角度来说，公开暴露导致的羞愧效应是否增强或者挫伤内部激励(intrinsic incentive)？如果内部激励受到影响，人们有可能工作更加努力以维护映像，也有可能因而降低努力程度。通过将群体认同纳入分析，本章也对理解在有映像激励时，群体认同如何影响个人表现的激励效应做出贡献(Masella et al. ，2012)。

通过调查或者填报的数据来检验保留脸面假设是非常困难的，所以我们设计了一个新颖的实验室实验来检验由 Benabou 和 Tirole(2012)发展出的模型所推导出的行为假设。在这个模型中，个人效用函数包括内部激励、外部激励(extrinsic incentive)和映像激励(image incentive)。在实验中，实验参与者每三人组成一队并且需独自完成一个固定报酬真实努力任务。在其中一个部分，队中表现最差的队友需站出来并且被其他实验参与者识别(公开暴露)。尽管实验中的均衡是在任务中不投入任何努力，但公开暴露仍然可能被视为一种懒惰或者能力较差的信号，而不是一种个人理性的象征。尽管公开暴露程序被设计得比较温和以避免造成太多尴尬，但是公开暴露表现最差的人仍然会使他们感到羞愧。如果三人小队中至少两位队友选择支付费用，则表现最差者的公开暴露能够被避免。这种设计使得我们可以测量放弃物质利益以维护自己和其他人映像的可能性。在一些实验组(treatment)，社会心理学中的细微群体范式(minimal group paradigm)被引入到实验中(Tajfel et al. ，1971；

Tajfel 和 Turner，1979）。在相同实验组（homogeneous group treatment），队友具有相同的群体认同；而在不同实验组（heterogeneous group treatment），由不同群体认同的队友组成一队。这样的设计使得我们可以测量群体认同和队中不同群体认同的队友组成是如何影响映像。使用真实努力任务使得我们可以识别映像受损威胁是否会增加或者减少队员的努力程度，以及队员努力程度是否受到群体认同的影响。

我们在中国召集360位被试参加这个实验。追根溯源，脸面的概念来源于中国（Ho，1976），脸面被认为在是受儒家文化影响的社会中日常生活、经济和社会交往的一个重要方面（Hu，1944；Redding and Ng，1982；Yang，1989；Qi，2011）。

我们的实验有四个主要发现。第一，大多数人努力维护脸面并且避免公开暴露。第二，超过一半的实验参与者牺牲自己的物质利益以避免其他人的暴露。第三，和基准实验组相比，引入群体认同对实验参与者维护自己和他人脸面的选择几乎没有影响。只有在不同实验组中，相对不同群体认同的队友，表现最好的队友更加愿意帮助具有相同群体认同的队友。这反映出维护脸面是一种强社会规范，对相同群体认同队友的优待照顾会被视为违反社会规范（Harris et al.，2012）。同时我们发现那些认为其他两位队友会选择支付费用的队友会更加愿意支付费用，尽管这对避免队友的公开暴露并不必要，而这也验证了我们的上述结论。第四，相对排名和公开暴露威胁会使实验参与者增加努力程度，同时我们发现了公开暴露挫伤实验参与者未来表现的内部激励的一些（较弱）证据。已有研究发现快乐增加生产率（Oswald et al.，2014），而我们发现羞愧会降低生产率。总的来说，这些发现证实维护脸面和避免损害社会映像的评估方式和反馈政策的重要性。

本章结构安排如下：第二部分对相关文献进行总结；第三部分介绍实验设计和实验过程；第四部分报告理论模型和行为假设；第五部分报告我们的发现；第六部分对结果进行讨论和总结。

2.2 相关文献

本章对三方面文献做出贡献：第一方面贡献是对识别(identification)和观众效应(audience effects)的研究。目前研究已经发现识别影响亲社会性选择(Bohnet 和 Frey，1999；Charness 和 Gneezy，2008)；相反，本研究关注亲社会性如何影响识别。对观众效应的研究表明，公开惩罚有助于人们遵守社会规则(Xiao 和 Houser，2011)，从互动对象获得言语反馈的期望使得人们增加亲社会性行为(Ellingsen 和 Johannesson，2008b)。以上研究在设计中确保人们在互动过程中保持匿名，而本章研究的不同在于使特定个人公开暴露在公众面前。研究已经发现在公众前的公开暴露有助于增加亲社会性行为(Ariely et al.，2009)、有助于纳税人对按章纳税的遵守(Coricelli et al.，2010，2013)、有助于性别博弈(battle-of-sexes game)和囚徒困境(prisoner's dilemma)中博弈方的协调以取得更有利的结果，并使得人们在自我评估中表现出过度自信(Ewers 和 Zimmerman，2012)。这些研究证实社会认同的重要性[①]。本章的研究通过检验依据表现的公开相对排位是否被视为一种威胁并且影响努力、是否影响维护自己和其他人脸面的意愿而对以上研究做出补充。

本章对于已有文献的第二方面贡献是关于群体认同的。由于社会联系的存在，自然形成的群体在规则执行上存在对群体内成员的偏爱(Goette et al.，2006，2012a)。而在独裁者游戏和竞争游戏中，研究者

---

① 经济交易中关于公开个人信息和对个人隐私支付意愿的文献表明，当信息比较敏感(Fehr et al.，2013)、当对数据公开控制不严密时(John et al.，2009)，或者当公开不会带来经济上的优势时(Beresford et al.，2012)，人们不愿意公开个人信息。考虑到这些敏感数据的隐私性，我们和前述文献的不同在于前述文献中公开是不是一种自愿行为。

发现对其他组的歧视(Ben-Ner *et al.*，2009；Abbink 和 Harris，2012；Goette *et al.*，2012b；Kato 和 Shu，2013)。使用细微群体范式，研究也发现群体认同能加强亲社会性行为(Chen 和 Li，2009)，而和来自其他群体的人打交道时，人们也表现得更加自私(Kollock，1998；Charness *et al.*，2007；Zizzo，2011)，由于对来自其他群体的人的歧视，群体认同造成了信任的下降(Hargreaves Heap 和 Zizzo，2009)①。我们对前述文献的贡献在于，我们尝试检验人们维护脸面是不是一种普遍的社会规则或者歧视，并且与他们和潜在牺牲者的社会距离相关。

本章对当前文献的第三方面贡献是组织中社会等级所带来的激励效应。公开褒奖，对工作表现的反馈和排名都会形成等级，这些措施也能对努力(Kosfeld 和 Neckerman，2011；Kuhnen 和 Tymula，2012；Tran 和 Zeckhauser，2012；Bradler *et al.*，2013)和合作(Eckel *et al.*，2010)产生激励，尽管激励效果仍旧不清晰(Barankay，2012；Charness *et al.*，2014)。本章对之前研究的补充贡献在于通过让表现最差的人站出来用以检验社会等级的下降对他们未来表现的影响②。通过引入群体认同，我们也对社会距离是否改变社会等级对努力程度的激励效应做出贡献。例如，Masella *et al.*（2012）发现在群体内配对和群体间配对中，控制带来的隐藏成本的证据。在组内，控制意味着不信任；在组间，控制则意味着敌意。在本章我们的分析表明，由于人们预期来自其他群体

---

① 然而这种映像并不是有规律可循的，因为群体认同对行为的影响有赖于群体认同的强弱(Eckel 和 Grossman，2005)、有赖于产生群体认同的程序(Guala *et al.*，2013)、有赖于群体规模(Harris *et al.*，2009)、有赖于形成群体的方式(Herbst *et al.*，2012)、有赖于群体间冲突(Chakravarty 和 Fonseca，2011)和文化(Buchan *et al.*，2009)。

② Galeotti 和 Zizzo(2012)分析信任游戏中的针对个别(singling out)效应，在游戏中，被个别针对的个人要么是随机决定的、要么是来自其他人的偏好。独特的特征能减少其他人对其的信任，也造成群体中大多数成员歧视被个别针对的个人。在心理学中也有关于针对个别、纳入(inclusion)和排斥(exclusion)的大量文献。

的人维护他们脸面的意愿更低,因此与来自相同群体的人配对相比,与其他群体的人配对使得他们在面对公开暴露的威胁时投入的努力更多。

2.3 实验设计和实验过程

2.3.1 实验组(Treatments)

实验包括三个主要的实验组:一个基准实验组和两个引入群体认同并且队友群体认同组成不同的实验组。此外引入一个控制实验组,在控制实验组中有导入群体认同的阶段,但在完成主要任务时,队友并不知道各位队友的群体认同。

基准实验组(Baseline treatment)

基准组被设计来检验人们是否在乎自己和其他人的映像。在实验局的开端,所有实验参与者每三人随机组成一个队,队友组成在整个实验局中保持固定。每一个实验局包括四个小节(见附录中的实验说明)。在每一节,每位实验参与者需要完成一个简单的 4 分钟任务。在这个任务中,他们需要将电脑屏幕上的一个苹果移动到屏幕底端的一个篮子中去。一旦苹果被移动到篮子中去,一个新的苹果又会在屏幕的一个随机位置产生。每一个移动到篮子中的苹果会增加实验参与者所获得的分数一分。计数器会一直显示实验参与者的当前得分。由于这个任务不需要任何特定的认知技能,实验参与者的得分可以看作他们的努力程度,并且认为没有学习效应在各节存在。不管实验参与者在任务中表现如何,他们在四节中的每一个节都会分别获得 100 ECU(10 元人民币,大约 1.65 美元)的固定工资。

各小节的不同之处在于对实验参与者在任务中表现反馈信息是不同的及实验参与者是否存在公开暴露的风险。在第 1 节末尾,实验参与者仅仅知道他们自己在这一节的分数。在第 2 节和第 3 节末尾,他们知道队中每位队友的分数和相对排名，队中分数最高的队友排名1，队中分数最低的队友排名3。当队友分数相等时，排名随机决定。在第3节的末尾，在队友被告知排名后，获得排名3的实验参与者将会被要求一位接一位地走到房间前面，然后再返回他们的座位。这些规则在实验说明上都是公开信息。然而如果至少有两位队友选择支付以避免排名3队友的公开暴露，排名3队友的公开暴露就能够被避免。在这种情况下，选择支付的队友的收入将会减少10 ECU。如果少于两位队友选择支付，排名3的队友将会被公开暴露，同时选择支付的队友的收入不会减少。每位队友随后将被告知每位队友的选择。最后的第4节复制和第2节相同的设计：在完成4分钟的任务后，被试者被告知每位队友的分数和排名。

比较实验参与者第1节和第2节的表现可以验证，在预知将会被告知队中队友的相对表现后，实验参与者是否会因此调整努力程度。比较实验者在第2节和第3节的表现可以验证受到公开暴露是否会提高实验参与者的努力程度或者损害他们的内部激励。最后比较第3节和第4节的表现可以检验在第3节的暴露是否对他们在第4节的表现有负向影响，以及队友在避免公开暴露的分别选择是否增加了努力程度。

我们使用一个自我报告的情感测试（Hopfensitz和Reuben，2009）用以收集实验参与者的情感状况。在实验的每一步，实验参与者需要以从1（表示最低的强度）到7（表示最高的强度）的李克特量表报告他们当时感受的十种情感强度。我们主要感兴趣的是羞愧和快乐这两个指标。引入其他情感的目的是避免实验参与者过度重视羞愧和快乐这两种情感。

相同/不同群体认同实验组

为研究维护他人脸面的意愿是否依赖于具有相似的群体认同，我们设计了两种群体认同实验组。在相同群体情况下（后面以"相同实验组"指代），组成一队的三人具有相同的群体认同；而在不同群体情况中（后面以"不同实验组"指代），队中三人具有不同的群体认同。

群体认同在实验的初始通过细微群体范式（Tajfel，1971）引入。群体认同在整个实验局中保持固定不变。这一部分包括两个阶段：在第一阶段，被试者被随机分配到两个分别以 Kandinsky 组和 Klee 组命名且人数相同的群体中的其中一个；在第二阶段，实验参与者参与一个认知任务。他们观察五对分别由 Klee 和 Kandinsky 创作的绘画，每对绘画的观察时间是 20 秒。屏幕上显示哪一位艺术家创作哪一幅绘画。接下来，他们需要依次观察两幅匿名绘画并选择哪一位艺术家（Klee 或 Kandinsky）创作了这两幅绘画。每一个正确的回答可以获得 50 ECU。在输入答案前，实验参与者和来自相同群体的成员可以用一个聊天框在 3 分钟时间内进行沟通。在实验结束后，他们会得到选择是否正确的反馈。

在群体认同被引入后，除了人们知道队友的群体认同身份和公开暴露的成员在第 3 节必须大声说出他们群体的名字外，其他设计和基准组是完全一样的。这种设计主要是为加强实验参与者对自己所处群体的归属感。

引入实验组（priming treatment）

一种可能的批评意见是，如果我们观察到实验参与者在基准组和群体认同组存在行为上的差别，这种差别可能不是归功于群体认同而是归功于实验初始节所引入的集体精神和帮助其他人的氛围。为分别识别这两种效应，在这个控制实验组中，我们引入群体认同但是实验参与者不知道队中成员的群体认同。如果实验参与者在这个实验组中选择支付以避免公开暴露的意愿和群体认同，则和实验组类似并且比基准组更高，我们能够得出结论——支付意愿是因为引入合作氛围而造成的而不是由于群体认同的影响。

预期引导

队中三位队友中至少需要两位队友选择支付费用才能避免表现最差

队友的公开暴露使得队友间产生一个协调的问题。为更好理解驱动人们选择支付或者不支付费用的原因，我们诱导实验参与者对选择支付的其他队友数量(0，1 或 2)的预期。实验参与者在第 3 节做出是否支付的选择后需要回答这个问题，并且这个问题没有在实验说明上提及以避免实验参与者过于关注协调问题。实验参与者每一个正确的预测会得到 50 ECU。在最后的 12 个实验局都引入这个问题。

2.3.2 实验过程

本实验在位于中国北京的北京师范大学经济学实验室进行。邀请学生参加实验的海报被张贴在北京师范大学和北京邮电大学的校园网络社区上，相关传单也在校园里进行分发。总共有 360 位来自不同学科的学生参与了 20 个实验局，每一局实验有 18 位实验参与者。基准组包括 4 个实验局，相同实验组和不同实验组分别有 7 个实验局，而引入实验组有 2 个实验局。表 2-1 报告根据实验局和实验组进行划分的描述性统计。女性参与者的总体比例超过 50%（binomial 检验，$p<0.001$），这个比例在不同实验局间有所波动。我们在回归分析中也控制了可能的性别效应。

表 2-1 实验局描述

实验局序号	实验组	是否有预期诱导	参与者数量(人)	平均年龄(岁)	女性比例(%)
1	相同组	否	18	21.33	55.56
2	基准组	否	18	21.78	77.78
3	相同组	否	18	21.22	83.33
4	不同组	否	18	22.11	77.78
5	基准组	否	18	22.39	94.44
6	不同组	否	18	21.44	55.56
7	相同组	否	18	23.06	77.78
8	不同组	否	18	22.28	88.89

续表

实验局序号	实验组	是否有预期诱导	参与者数量(人)	平均年龄(岁)	女性比例(%)
9	不同组	是	18	22.33	72.22
10	不同组	是	18	22.67	66.67
11	基准组	是	18	22.00	94.44
12	基准组	是	18	22.78	72.22
13	相同组	是	18	21.78	66.67
14	相同组	是	18	22.11	77.78
15	引入组	是	18	22.56	66.67
16	引入组	是	18	21.83	61.11
17	不同组	是	18	22.56	66.67
18	不同组	是	18	22.39	72.22
19	相同组	是	18	22.50	61.11
20	相同组	否	18	21.39	88.89

实验使用 REGATE 软件编程。当实验参与者到达后，实验参与者被随机分配到一个计算机前，相互交谈是被禁止的。在完成每一节后，分发下一节的实验说明并且在实验参与者前大声朗读。我们核实是否每一位实验参与者正确理解了实验说明并且私下回答他们所提出的问题。在第1节开始前，实验参与者被要求用2分钟时间练习任务以消除在接下来的实验局中的学习效应。

每一个实验局平均大概进行 90 分钟，其中包括人口特征调查和现金支付的时间。现金支付过程中，每位实验参与者获得的收入是保密的。实验参与者在实验中获得的平均收入为大约 45 元(7.38 美元)。

2.4 行为假设

基于自私偏好和纯粹外部激励的标准理论预测是清晰的。由于人们得到一个固定工资,他们在任何一节都不应该投入任何努力。由于外部暴露不会影响收入,因此外部暴露的威胁不会影响努力程度。受到公开暴露应该仅仅表示这个人是理性的。由于选择付钱减少他们的收入,因此人们应该不会付钱来避免公开暴露。这些预测在所有实验组和情况下都成立。

另外一个理论框架则将内部激励和映像顾虑囊括在内,本章的模型来源于 Benabou 和 Tirole(2006)。个人 i 的效用来源于三种主要因素:他们面对的外部激励(以 v_y 表示货币收入 y,在本章中它和努力程度无关);他们面对的内部激励(完成任务获得的满足,以 v_e 表示)和映像顾虑$[R_i(.)]$。效用也受到投入努力的成本$[C(e_i)$是一个关于成本的凸函数]和当确实需要支付费用 K 以避免表现最差的队友公开暴露时的维护映像固定成本的影响。我们定义个人 i 的效用函数以如下函数式表示:

$$U_i(e_i, s_i) = yv_y + e_i v_e - C(e_i) - R_i(.) - K[R_i(.)] \quad (1)$$

其中 e_i 表示努力程度,而 s_i 表示支付费用的决策,这包括三种可能情况:

$$U_i(e_i, s_i) = yv_y + e_i v_e - C(e_i)$$
$$U_i(e_i, s_i) = yv_y + e_i v_e - C(e_i) - R_i(.)$$
$$U_i(e_i, s_i) = yv_y + e_i v_e - C(e_i) - K$$

人们不可能在支付费用(当表现最差队友的公开暴露被避免的时候,才会支付 K 的费用)的同时遭受映像损失。我们假设表现最差人的公开暴露会带来映像损失[1],因此映像效用函数 $R_i(.)$ 导致个人总效用减少。如果少于两位队友愿意支付费用,映像损失等同存在映像顾虑的人映像损失的价值。如果不存在映像顾虑或者外部暴露被避免,则不会存在映像效用损失。映像效用函数能够写成如下所示的函数式:

---

[1] 我们假定映像激励是和不同的人不相关的(例如不管他们具有什么不同的外部和内部激励),而这个假设并没丧失一般性。确实人们因为没有内部激励而不努力仍然会接受公开暴露。

$$R_i(.) = \alpha_i E_i(s_i, s_{j,k}, s'_i \mid e_i < e_{j,k}, K) +$$
$$\beta_i E_i(s_j, s_{j,k}, s'_i \mid e_i > e_j, e_j < e_k, K)$$
$$\text{with } \alpha_i \geq \beta_i \geq 0 \tag{2}$$

(2)式中的第一项代表当 i 受到公开暴露时,映像方面的效用损失,而第二项代表当其他队友 j 被公开暴露时对 i 所造成的效用损失。对 i 来说效用损失程度由 i 或者其他队友是否被公开暴露所决定。如果他被公开暴露,i 遭受的效用损失为 α_i,如果他没有映像顾虑,则 $\alpha_i = 0$。如果其他队友被公开暴露,他对其他队友暴露是毫不在乎的,那么 $\beta_i = 0$①。我们假定,相比其他人的映像,人们从自己的映像中更可能遭受更多的效用损失($\alpha_i > \beta_i$)。对 i 来说,映像损失是他在队友中的相对表现和支付费用条件下,他选择支付的决策 s_i,其他每位队友的决策 $s_{j,k}$ 和他对其他选择支付的队友数量的预期 s'_i 的函数。因为避免暴露至少需要两位队友选择支付,因此预期确实会发挥作用。

个人 i 通过选择努力水平 e_i 和是否支付费用以避免表现最差者公开暴露的决策 s_i 以最大化效用。在相对表现的前提下,他形成其他队友决策的预期并且他将所需支付费用和遭受的映像损失进行比较。

基于 eq(1)和(2),我们能给出前三个行为假设。

假设 1:存在映像顾虑的人选择支付费用已避免公开暴露。当费用 K 比因公开暴露造成的效用损失更低时,这种情况成立,除非他相信其他两位队友会选择支付费用。当人们对自己和其他人映像的在意程度足够强烈时,这个假设成立。

假设 2:更在乎自己映像的人($\alpha_i > \beta_i$)比更在乎他人映像的人($\beta_i > \alpha_i$)数量更多(例如人们更愿意支付费用来避免自己而不是其他队友的公开暴露)。

---

① 在这个模型中,我们没有考虑幸灾乐祸的情况($\beta_i < 0$)。我们并没有忽视这种情况的真实存在,但从实验参与者报告的情感数据中,并没有发现这种情况存在的证据。

假设 3：人们的努力程度是在更加关注自己映像的前提下（$α_i >β_i$），随着他们的内部激励 v_e 和公开暴露的映像成本而增加的。如果 i 会因为队中队友的暴露而遭受相同的效果损失，他就不愿意在任务中表现得超过其他队友，因为这会给他们带来一个负外部性。因此我们假设平均努力程度在第 3 节比在第 1 节、第 2 节和第 4 节（在这些节中没有公开暴露的风险）高。

在模型中引入群体认同可能影响 $β_i$（当队友来自相同群体时，$β_i$ 增加；当队友来自不同群体时，$β_i$ 下降）和对其他队友选择支付意愿的预期。对来自相同群体队友的公开暴露会对一个人的映像造成一种负的外部性。群体认同可以帮助解决队友群体认同不同的队中谁应该支付费用这样的协调问题。当 $β_i > 0$ 时，如果表现最差的队友是来自相同的（不同的）群体而其他队友来自不同的群体时，我们预测人们更愿意（不愿意）支付费用。在队友来自相同群体的队，预测则没有那么确定：支付费用的意愿可能因为相同群体队友暴露所造成的负外部性而上升，但也可能由于让另外两位来自相同群体队友来支付而减少。因而我们推出下面两个假设。

假设 4：不同的队友群体认同组成会通过对映像损失的在意程度和对其他队友选择支付的预期来影响人们选择支付的意愿。我们预期，当将要受到公开暴露的队友具有相同群体认同时而另外一位队友具有不同群体认同时，具有映像顾虑的人会更愿意支付费用。在相同实验组中，这种效应则不确定。

假设 5：当队友中有一位或者两位具有不同群体认同时会增加一个人的努力程度以增加对其他群体成员的负外部性并减少个人受到公开暴露的风险。因此不同实验组中实验参与者的平均努力程度在比在相同实验组中更高。

2.5 结　果

我们首先检验选择支付费用以避免公开暴露的选择，接着我们关注实验参与者报告的情感，最后我们报告实验参与者的努力程度。

避免公开暴露

表2-2显示根据实验组和在第3节队中表现排名进行分组，对支付费用以避免表现最差队友公开暴露的基本统计。最后一列报告实际接受公开暴露的表现最差者比例。

表2-2 根据实验组、表现排名和是否公开暴露分类，
支付费用以避免表现最差队友公开暴露的百分比

实验组	在第3节排名1	在第3节排名2	在第3节排名3	表现最差队友实际受到公开暴露百分比(%)
基准实验组	54.17(13/24)	54.17(13/24)	75.00(18/24)	37.50(9/24)
相同实验组	50.00(21/42)	66.67(28/42)	80.95(34/42)	28.57(12/42)
不同实验组	57.14(24/42)	54.76(23/42)	71.43(30/42)	33.33(14/42)
—KKk 或 kkK	33.33(3/9)	44.44(4/9)	66.67(6/9)	44.44(4/9)
—Kkk 或 kKK	69.23(9/13)	61.54(8/13)	69.23(9/13)	30.00(6/13)
—KkK 或 kKk	60(12/20)	55(11/20)	75(15/20)	20(4/20)
引入实验组	83.33(10/12)	58.33(7/12)	66.67(8/12)	33.33(4/12)
总共	56.67(68/120)	59.17(71/120)	75(90/120)	32.5(39/120)

注："K"代表 Kandinsky 群体，"k"代表 Klee 群体。"KKk"或者"kkK"应做如下解读：在队中，获得排名1和排名2的实验参与者有相同的群体认同，而排名3的参与者有不同的群体认同。

表2-2显示，平均来说在基准组中75%表现最差的人愿意支付费用以避免公开暴露。在相同实验组中，这个比率是80.95%；在不同实验组中，这个比率是71.43%；在引入实验组中，这个比率为66.67%。Proportion 检验表明这些实验组并不显著区别于基准组（两面检验，p值分别为0.569，0.754和0.599）。以上数据表明所以大多数实验参与者都在意自我映像(self-image)，而这证实假设1。

表2-2也表明在基准组中，大多数没有公开暴露危险的人（表现最好和表现中等的比率都是54.17%）选择支付以避免队中表现最差的人

受到公开暴露。这说明维护他人脸面的重要性,并且也证实了推论 1。在群体认同实验组,选择支付以避免其他人暴露的比率一直等于或者高于 50%,且没有显著不同于基准组(配对比较,Proportion 检验,p 值 $>$ 0.100)。愿意为其他队友选择支付费用的实验参与者比率并没有因为队友具有相同还是不同群体认同而有什么差别。因此表现最差且接受公开暴露的人的比率从相同实验组最低的 28.57% 一直到基准组最高的 37.5%($p>$0.100)。对选择支付费用队员数量的预期而言,相比队友具有相同群体认同,队友具有不同群体认同时,人们对他们选择支付意愿的预期更加悲观①。

Proportion 检验表明表现最差的人选择支付费用的比例最高(在基准组,$p=0.044$;在相同实验组,$p=0.006$;在不同实验组,$p=0.046$;然而在引入实验组,$p=0.601$)。正如我们所料,人们更加愿意支付费用来避免自己的公开暴露,而不是避免其他队员的公开暴露(在本章模型,$\alpha_i > \beta_i$)。表现最差的人对队中选择支付人数的预期也最低②。

接下来,我们报告对选择支付费用决策的计量分析结果。表 2-3 包括 6 个 Probit 模型估计,其中因变量为是否选择支付费用以避免表现最差队员的公开暴露。在模型(1)中,自变量包括一个代表不同实验组的虚拟变量,其中基准实验组是基准组。此外自变量还包括两个虚拟变量

---

① 在基准组,对选择支付费用的队员人数的平均预期是 1.36($SD=0.68$);在相同实验组,平均预期是 1.42($SD=0.73$);在不同实验组,平均预期是 1.11($SD=0.74$),在引入实验组,平均预期是 1.36($SD=0.80$)。在不同实验组和基准组,对于选择支付费用队员人数的预期是显著不同的,($p=0.096$),在不同实验组和相同实验组也是显著不同的($p=0.010$)(Mann-Whitney 检验)。

② 表现最差队员在基准组的平均预期是 1.08($SD=0.67$),在相同实验组是 1.25($SD=0.79$),在不同实验组是 0.87($SD=0.74$),在引入实验组是 1.0($SD=0.85$)。Mann-Whitney 检验表明,表现最差队员和其他队员在基准组的预期是显著不同的($p=0.070$);在不同实验组,$p=0.057$;在引入实验组,$p=0.052$。

分别代表实验参与者获得排名 1 或者排名 2，其中排名 3 是基准组。性别通过变量"男性"表示，并且和排名 1 和排名 2 分别组成两个交叉项。这两个交叉项使得我们可以将性别对维护一个人映像的影响和性别对帮助其他人意愿的影响两种效应分开。我们的估计显示代表不同实验组的变量是不显著的。为了检验这是不是由于我们引入群体认同的操作失败所引起的，我们估计模型(2)，在这个模型中我们在模型(1)的基础上加入"群体认同感觉"的变量。这个变量来自在相同实验组和不同实验组中实验参与者自我报告的群体认同强度，数值 1 表示完全没有对 Klee 或者 Kandinsky 群体的归属感，而 7 表示有非常强的对 Klee 或者 Kandinsky 群体的归属感①。

　　模型(3)相对于模型(2)增加了 4 个在不同实验组中队员群体认同构成的变量。变量"其他两位队友具有不同群体认同"意味着被试者和其他队友并不具有相同的群体认同。变量"排名 1 且和队中排名 3 具有相同的群体认同"（相应地变量"排名 2 且和队中排名 3 具有相同群体认同"）表明获得最高排名队员（相应地排名 2 的队员）和有公开暴露危险的队友具有相同的群体认同。变量"排名 3 且另有一位队友具有相同群体认同"意味着有暴露风险的参与者所在队中仅有一位队员和他具有相同的群体认同。因此基准组是排名 1 和排名 2 的参与者且表现最差的队员是唯一具有和他们不一样群体认同的。这种分类允许我们识别哪一种队员群体认同组成有利于队中的支付选择。模型(4)相比模型(3)增加反映对选择支付费用的队员数量(0, 1 或 2)预期的变量。这样的设置用于检验实验参与者是否尝试处理队员间的协调问题，例如：(1)他们是否更加愿意支付费用当他们相信另外一个队员将会选择支付；(2)当他们相信另外两位队员会选择支付时，他们支付费用意愿是否更低。模型(5)和模型

---

　　① 报告的平均数值在相同实验组中是 5.01($SD=1.79$)；在不同实验组中是 5.05($SD=1.59$)。Kolmogorov-Smirnov 检验显示对群体认同的归属感分布在相同实验组和不同实验组中并不存在显著不同($p=0.672$)。

(4)比较相似,除了没有包括变量"群体认同感受"。最后模型(6)用排名1和排名2的实验参与者作为子样本对模型(4)再次进行估计。表2-3显示这些变量的边际效应。

表2-3 对支付费用以避免表现最差队员公开暴露的选择的决定因素

因变量:选择支付费用的选择	Probit 模型					
	(1)	(2)	(3)	(4)	(5)	(6)
相同实验组	0.059 (0.071)	−0.145 (0.118)	−0.156 (0.118)	−0.171 (0.124)	0.018 (0.074)	−0.208 (0.162)
不同实验组	0.004 (0.072)	−0.207* (0.119)	−0.336** (0.150)	−0.294* (0.163)	−0.088 (0.126)	−0.334* (0.191)
引入实验组	0.097 (0.091)	0.099 (0.090)	−0.012 (0.136)	−0.183 (0.161)	−0.177 (0.161)	−0.194 (0.182)
在第3节中排名1	−0.199*** (0.076)	−0.194** (0076)	−0.231*** (0.088)	−0.326*** (0.091)	−0.336*** (0.091)	−0.013 (0.090)
在第3节中排名2	−0.210*** (0.075)	−0.209** (0.076)	−0.210** (0.085)	−0.297*** (0.087)	−0.301*** (0.087)	—
男性	−0.206*** (0.116)	−0.238** (0.117)	−0.238** (0.117)	−0.209* (0.119)	−0.178 (0.118)	0.089 (0.113)
男性*排名1	0.079 (0.134)	0.094 (0.132)	0.101 (0.131)	0.094 (0.128)	0.081 (0.131)	−0.211 (0.161)
男性*排名2	0.173 (0.116)	0.197* (0.110)	0.202* (0.109)	0.206** (0.099)	0.186* (0.106)	—
群体认同感受	—	0.042** (0.019)	0.044** (0.019)	0.038** (0.019)	—	0.045* (0.027)

续表

因变量：选择支付费用的选择	Probit 模型					
	(1)	(2)	(3)	(4)	(5)	(6)
其他两位队友具有不同群体认同	—	—	0.105 (0.106)	0.130 (0.103)	0.123 (0.104)	0.203* (0.114)
排名1且和队中排名3具有相同群体认同	—	—	0.239*** (0.089)	0.229** (0.086)	0.220** (0.089)	0.292*** (0.101)
排名2且和队中排名3具有相同群体认同	—	—	0.115 (0.138)	0.056 (0.159)	0.050 (0.159)	0.062 (0.177)
排名3且另有一位队友具有相同群体认同	—	—	0.082 (0.136)	0.071 (0.134)	0.055 (0.137)	—
期望：一位队友选择支付	—	—	—	−0.077 (0.068)	−0.082 (0.068)	−0.285*** (0.093)
期望：两位队友选择支付	—	—	—	0.413*** (0.043)	0.416*** (0.043)	0.456*** (0.060)
N	360	360	360	360	360	360
Log-likelihood	−225.188	−225.188	−222.963	−190.272	−192.201	−124.347
LR Chi^2	21.67	21.67	26.12	91.50	87.65	77.97
Prob>Chi^2	0.010	0.010	0.016	0.000	0.000	0.000
Pseudo R^2	0.046	0.046	0.055	0.194	0.186	0.239

表2-3中有四个发现值得注意。第一个发现是在所有模型中，相比受到公开暴露的队员，排名1和排名2的队员选择支付费用的比例显著

更低①，而这支持假设 2。

　　第二个发现是群体认同的引入对实验参与者的行为几乎没有影响。引入实验组相对基准实验组没有发现任何差别。因此任何在相同实验组和不同实验组之间的差别应该归因于群体认同本身，而不是因为引入为集体考量的感觉。在控制对支付费用的其他队员数量的预期后，和基准实验组相比，队中队友具有相同群体认同（例如，在相同实验组）并没有增加他们支付费用的意愿。在不同实验组中，在考虑对所属群体的归属感后，实验参与者行为才存在差别（显著性水平也仅是处于临界水平）。当队中队员群体认同组成不同时，对群体归属感较强的实验参与者展现出对维护脸面更强的态度。

　　第三个发现是和不同实验组中队员群体认同组成相关。总的来说，当排名 1 和排名 2 时，队员支付费用的可能性也更低。模型（3）到（6）表明，当表现最好和最差的队员具有相同群体认同且排名 2 的队员具有不同群体认同时，这种负向效应被抵消，这部分的支持假设 4。当面临公开暴露危险的队友也具有相同群体认同时，排名 2 队员则没有表现出这种行为。一个可能的解释是获得排名 1 是一种荣誉，同时也是对排名更低队员应尽更大责任的暗示；另外一种可能的解释是对一个具有相同群体认同队员的公开暴露带给排名最高队员更强的负外部性。

　　第四个发现是，当他们相信其他两位队员会选择支付费用时，被试者更加愿意选择支付费用［模型（5）和模型（6）］。相反当他们预期另外一位队员会选择支付费用的时候，表现最好和表现位于中间的队员更加不愿意选择支付费用［模型（6）］。这和当一个人预期另外只有一个队员选择支付的时候，他们也更加愿意选择支付这种取得队中协调的解释不一

---

①　对排名 1 和排名 2 的队员，边际效应是相近的（Chi2 检验表明模型（1）中 $p=0.882$，模型（2）中 $p=0.843$，模型（3）中 $p=0.785$，模型（4）中 $p=0.728$，模型（5）中 $p=0.678$）。

致。我们的发现反而意味着人们选择支付是因为维护映像是一种社会规则①。有暴露风险的男性被试者相比于女性被试者选择支付的意愿更低,这反映出女性更在乎自己的映像。当被试者获得排名2时,他们选择支付费用以避免其他人公开暴露的意愿也更低,尽管支付意愿并没有发现性别差异。

在此,通过总结我们发现了如下一些现象。

结果1:大多数人愿意支付费用以避免自己的公开暴露。

结果2:人们除了在乎维护自己的映像,大多数人愿意付出成本以避免其他成员的公开暴露。

结果3:群体认同影响人们对其他人支付意愿的预期,但是它本身对人们行为的影响是相对较小的,尽管表现最好者更加愿意选择支付以避免来自同样群体成员的公开暴露。

实验参与者报告的情感数据也支持我们的假设:对表现最差者的排名和公开暴露导致令人不愉快的情感。图2-1和图2-2分别显示按照第3节排名和是否公开暴露而进行划分的实验参与者在实验不同阶段所报告的羞愧和快乐情感强度。我们统计实验参与者在实验局中许多时间点所报告的情感:在实验局开端,在获得第1节的分数反馈后,在获得第2节的分数和排名反馈后,在第3节选择是否支付费用的选择后,在表现最差的人被公开暴露后和在获得第4节的分数和排名反馈后。

这些图显示在实验局开端或者在第1节获得分数反馈后,队中队员报告的羞愧和快乐情感没有差别(Mann-Whitney检验,配对比较 $p>0.010$)。在获得第2节的排名反馈后,表现最差者开始报告羞愧情感且报告的快乐情感出现下降(和获得排名1或2的被试者相比 $p<0.001$);而在获知排名后,表现最好者报告的快乐出现上升(在每个配对比较中 $p<0.001$)。当得知有公开暴露的风险后,表现最差者在第3节所报告

---

① 对有暴露风险成员的回归分析表明那些预期其他一位或者两位成员选择支付的人更加愿意选择支付费用。

的情感更加糟糕(和排名1或2的被试者相比 $p<0.001$)。

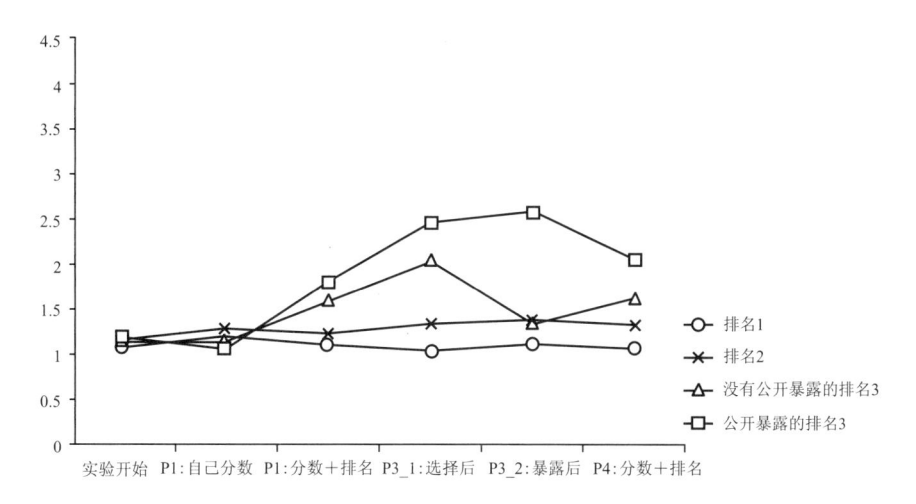

图 2-1　根据排名所报告的羞愧强度，所有实验组($N=360$)

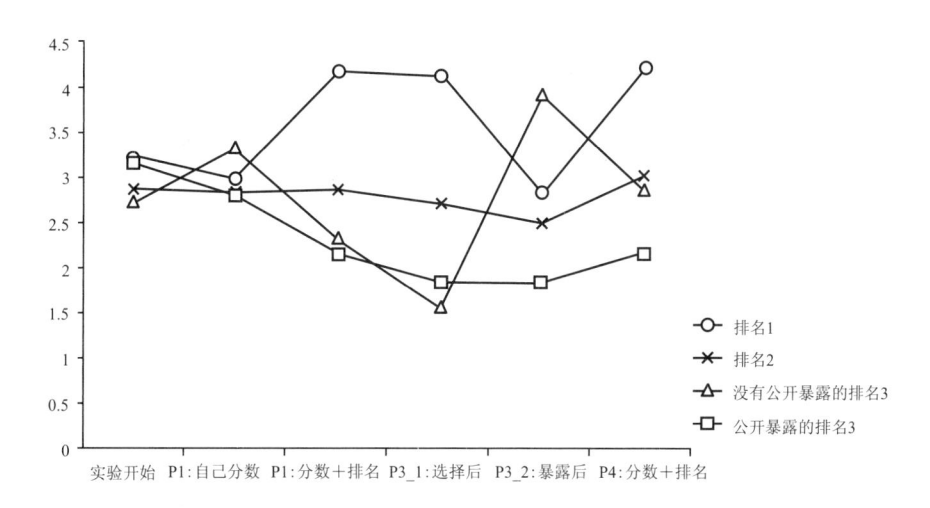

图 2-2　根据排名所报告的快乐强度，所有实验组($N=360$)

从这些图中公开暴露后所报告的情感可以得出两个有趣发现。第一，被公开暴露的被试者所报告的羞愧强度接近在知道他们队友的选择前所报告的强度(Wilcoxon 检验，$p=0.210$)，这意味着期望的情感强度和公开暴露时所经历的情感强度接近。报告的羞愧情感在第 4 节出现下降但还是没有回到初始水平($p=0.001$),这意味着这种羞愧情感是持续的。第二,避免公开暴露的表现最差者所报告的羞愧情感强度在公开暴露时间点出现迅速下降(Wilcoxon 检验,$p<0.001$)且所报告的快乐强度达到顶峰并且超过表现最好者所报告的水平(Mann-Whitney 检验,$p<0.001$),这可能反映一种如释重负的感觉。在第 4 节他们报告的快乐强度仍旧高于那些被公开暴露的($p=0.036$)。和他们选择支付费用时相比,当表现最差者被公开暴露后,表现最好者所报告的快乐情感强度出现急剧下降(Wilcoxon 检验,$p<0.001$),这反映出对表现最差者的同情。

我们对情感的分析总结如下。

结果 4:对表现最差者的公开暴露产生一种羞愧的情感并导致所报告的快乐情感出现下降,甚至没有被直接公开暴露的人所报告的快乐情感也出现下降,而这反映出对表现最差者的同情。

努力水平

为检验假设 3 和 5,表 2-4 首先对所有实验参与者和实验组平均表现的描述性统计,接着是对相同实验组和不同实验组的描述性统计,最后是对第 3 节中被公开暴露和没有公开暴露的排名 3 的描述性统计。表 2-4 证实内部和映像激励的存在:尽管他们获得的是固定工资,但所有实验参与者在所有小节的任务中都投入努力。在第 2 节的平均表现高于第 1 节,在第 3 节的平均表现高于第 1 节和第 2 节(Wilcoxon 检验,$p<0.001$)。假设 3 提出的因为排名和公开暴露风险所带来的压力可用于解释。这种变化不太可能是因为学习效应,因为这个真实任务仅需要非常低的认知能力并且我们引入一个练习小节。尽管没有公开暴露的风险,第 4 节的表现比第 3 节更好($p<0.001$)。有趣的是,当将研究样本缩小到在第 3 节被公开暴露的实验参与者,并没有这样的发现($p=0.349$)。

表 2-4 实验参与者在不同节的表现

实验参与者	第 1 节	第 2 节	第 3 节	第 4 节	N
所有参与者	126.59 (14.57)	133.61 (14.57)	138.28 (15.08)	139.94 (16.28)	360
相同实验组	126.61 (15.36)	135.28 (14.82)	140.10 (13.60)	140.70 (15.45)	126
不同实验组	127.12 (13.13)	133.31 (14.38)	138.67 (15.50)	140.17 (17.06)	126
Mann-Whitney 检验	$p=0.997$	$p=0.403$	$p=0.596$	$p=0.804$	
第 3 节排名 3					
没有公开暴露	113.89 (16.08)	122.36 (10.92)	125.32 (11.52)	129.70 (12.24)	81
公开暴露	120.64 (12.19)	122.46 (17.60)	125.95 (20.22)	126.97 (25.03)	39
Mann-Whitney 检验	$p=0.052$	$p=0.209$	$p=0.052$	$p=0.510$	

注：括号中的是标准差。

表 2-5 第 3 节和第 4 节表现变化的决定因素，根据第 3 节排名

因变量：表现的变化	第 3 节中排名 1 或 2(1)	第 3 节中排名 3(2)
相同实验组	−1.171(1.377)	−4.029**(1.871)
不同实验组	−0.719(1.368)	−2.424(1.886)
引入实验组	1.438(1.993)	0.334(2.606)
支付费用	−1.058(1.180)	2.093(1.775)
在第 3 节对排名 3 公开暴露	−0.779(1.241)	−3.129*(1.728)
第 3 节公开暴露后的羞愧	−1.207**(0.541)	0.399(0.473)
固定项	3.558**(1.608)	3.762(2.426)
N	240	120
R^2	0.039	0.124

注：* 表示在 10% 水平上统计显著；** 表示在 5% 水平上统计显著。

为进一步研究表现最差者可能的公开暴露对实验参与者表现变化的影响因素，表2-5报告OLS模型的估计结果，因变量是实验参与者在第4节和第3节的表现之差。自变量包括代表每个实验组的虚拟变量，实验参与者的性别和表现最差者公开暴露之后实验参与者报告的羞愧情感强度。变量"暴露"表示队中的表现最差者是否实际被公开暴露。模型(1)样本包括在第3节队中获得排名1和排名2的队员，模型(2)包括在队中获得排名3的队员。这些回归模型表明公开暴露对未来内部激励的挤出效应是边际显著的。相比那些避免公开暴露的，确实受到公开暴露的被试者在第4节和第3节表现之差下降3.13单位[模型(2)]。而且当其他人被公开暴露时报告的更高羞愧感降低了在第3节没有暴露危险的实验参与者的内部激励[模型(1)]。快乐已经被证明有助于增加工作中的生产率(Oswald et al., 2014)；我们发现像羞愧这样的负面情感也导致生产率的下降。这种效应在数量上(包括显著性水平上)是小的，但这提供对假设3的支持。

最后和假设5不同的是，表2-4显示实验参与者在不同实验组的表现不比在相同实验组更高(Mann-Whitney检验在所有小节 $p>0.100$)。队友中有一位或者两位具有不同群体认同的队友并没有增加实验参与者的努力程度，而这被认为可能增加努力对其他群体的负外部有效性。然而表2-5中模型(2)显示在相同实验组中的表现最差者在第3节和第4节努力程度之差更小。进一步的回归结果表明这种效应完全归因于那些没有被暴露的队员对具有相同群体认同队友的帮助行为。一个解释是这些被试者倾向于降低努力以便让他们想帮助的具有相同群体认同的队员在最后一节能获得一个高排名，这也可得出我们最后的结果。

结果5：排名和公开暴露有助于内部激励和映像激励发挥作用，而公开暴露和羞愧情感会挤出未来的内部激励。

结果6：群体认同对于实验参与者表现的影响是相对较小的，它仅减少了那些避免公开暴露的被试者在最后一节的表现，而这要归因于他们对具有相同群体认同成员的帮助。

2.6 讨论和总结

在社会交往中，特别是在商务谈判和外交中，维护自己和其他人映像的重要性是众所周知的，但是经济学家并没有对此做过深入研究。在本章，我们设计一个原创的实验室实验以研究对自己和其他人映像的关注，以及它对于生产率的影响并测试这种关注是否受到群体认同的影响。结果显示大多数被试者愿意放弃一部分金钱以避免相对表现较差的成员遭遇公开暴露。我们将此行为解读为被试者担心丢脸的证据——当人们知道他们排名较后时，他们感觉到羞愧和更低的快乐。然而这种将情感和行为相联系的内在机制仍旧是不清晰的。一种可能的解释是预期的负向情感带给人们一种道德成本，用以避免暴露的货币成本可能比暴露所带来的道德成本更低；另外一种解释是人们经历的情感使得他们的行为不再是理性的。这个问题值得将来的研究者的进一步深入探讨。

我们还发现，尽管从行为中不可能获得未来个人收益，但大多数人仍旧牺牲部分货币收入以维护其他人的脸面。这种同情行为表明考虑他人的偏好不仅仅存在于货币收入领域，而且也存在于映像领域。人们渴望得到尊重，特别是当这种尊重对于其他人是有成本时(Ellingsen 和 Johannesson，2008)。在这里，我们发现人们愿意在映像和等级方面帮助其他人。在我们的实验中，避免其他人暴露的成本只占收入的 10%。一个有趣的拓展将会以改变成本的数额来测算维护其他人脸面的价格。

引入群体认同改变了人们对其他人选择的预期，但这对实际行为几乎没有什么影响。当队员具有相同群体认同时，维护其他人脸面的意愿并没有增加。主要观察到的效应是，当队中队员群体认同不同时，表现最好者更加愿意维护具有相同群体认同队友的脸面。群体认同对维护脸面行为的较小影响可能是因为在这种情形下，对具有相同群体认同队员的优待将会被看作对社会规则的违反(Harris et al.，2012)，而这也可能是因为通过细微群体范式来引入群体认同或者因为我们的研究是在中国进行的。Buchan et al.(2009)发现,在信任游戏中,相对于相同群体认同成员,中国被试者给不同群体认同的成员发出和退回的金钱数额显著更高;而在美国被试者中,结果却相反。在集体文化中(Hofstede,1980),群体利益比个人利益更加重要,而这导致集体利益导向的个人对社会距离的考量更少。我们的结果是和这种解释相一致的,但这需要进一步的跨文化研究以检验:(1)是否脸面在非儒家社会中的重要性更低;(2)人们牺牲物质利益以维护其他人脸面的意愿更低;(3)群体认同对牺牲物质利益以维护脸面的影响在个人导向文化中影响更大。

最后,根据表现的相对排名和自我映像对努力的影响证实内部激励和映像激励的价值。然而公开暴露会挤出未来的内部激励,因为这违反心理合同并形成一种敌对氛围,所以本研究阐明信息激励使用的风险。对相对表现的反馈可以使人们工作更加努力,但是当这种信息被公开后,也会产生像羞愧这样的负面情感并导致快乐程度下降,而这对生产率的长期影响仍旧值得探讨。

附录1:基准实验组的实验说明

感谢你参加本次决策实验,在整个实验过程中禁止和其他实验参与者进行交谈。

首先我们要求你描述你现在的感受。你的屏幕将显示一列共10种情感。对于每种情感,我们要求你选择从1~7(包括1和7)的一个数值来描述你现在的感受程度。

所选择的数值越高意味着你更加强烈地感受到这种情感。例如,选择数值1表示你完全没有感受到一点这种情感。相反地,选择数值7表明你非常强烈地感受到了这种情感。介于两者之间的数值则表示某种中间程度的感受。

对任何一种情感选择不需要花太多时间;简单选择一个数字——能

最恰当地描述你当前感受即可。

10种情感如下：

——我感到愤怒

——我感觉受到轻视

——我感到害羞

——我感到嫉妒

——我感到难过

——我感到高兴

——我感到内疚

——我感到感激

——我感到害怕

——我感到宽慰

接下来的实验由几个小节组成。在完成每小节后，你将收到下一小节的实验说明。在这些小节中，你获得的金钱数额的多少取决于你及其他与你进行互动的实验参与者的行为。在整个实验中，你的收入将会以ECU（实验货币单位）来表示。在实验结束之后，你所获得的ECU总收入将是你在每一小节所获得收入的总和。这些收入将会以如下比例被兑换成人民币：

10 ECU＝1元人民币

在实验结束之后，你的收入将会以现金形式单独地付给你。

第1节

在这一小节开始以及整个实验中，实验参与者将会每三个人组成一队。你们队中的成员组成将会在整个实验过程中保持固定。你不知道你们队其他成员的身份。

在这一小节，我们要求你在4分钟内执行一项任务，这项任务是用你的鼠标移动苹果到篮子中去。

每一个移动到篮子里的苹果将会增加你的分数一个单位。你当前的分数(如当前篮子中苹果的数量)和剩余时间将会在你的屏幕上一直显示。

4分钟之后，你的屏幕将会显示在这一小节你的分数。但你不知道你队中其他两位成员的分数。在这一小节你将获得 100 ECU。

在开始执行这个任务之前，你将有 2 分钟的时间来练习这个任务。在练习中的表现将不会被计入你在这一小节的成绩。

在这一小节的结尾，你的电脑屏幕上将会出现一个需要你描述当前感受的问卷。

如果你对本实验说明有任何问题，请举手。我们将会单独地回答你的问题。

第 2 节

在这一小节，你队中成员的组成和前一小节是一样的。

我们要求你在 4 分钟时间里在你的电脑上执行相同的任务。在这一小节，你将获得 100 ECU。

和前面一节不同的是，在 4 分钟结束之后，你的屏幕将会显示本小节你的分数和你在队中的排名。

排名 1 将会给予队中获得最高分数的成员。

排名 3 将会给予队中获得最低分数的成员。

排名 2 将会给予队中获得中间分数的成员。

如果两位或者三位队中成员分数相同，成员的排名将会被随机地决定。

你将会被告知你队中其他两位成员获得的分数和排名。

最后，你的电脑屏幕上将会出现一个需要你描述当前感受的问卷。

如果你对本实验说明有任何问题，请举手。我们将会单独地回答你的问题。

第 3 节

在这一小节，你队中成员的组成和前面的小节是一样的。

我们要求你在 4 分钟时间里在你的电脑上执行与之前相同的任务。在这一小节，你将会获得 100 ECU。

4 分钟之后，你的屏幕将会显示你的分数和你在队中的排名，队中其他两位成员获得的分数和排名。

和前面的小节不同的是每一队中获得排名 3 的实验参与者（获得最低分数的）将会被要求起立，一个接一个地走到房间的前面，然后再返回他们的座位。

然而，你可通过你的决定改变这个既定程序。在被告知获得的排名之后，也即获得排名 3 的实验参与者（获得最低分数的）被要求站到房间前面之前，你可决定是否采用这个既定程序，或者你更倾向于队中获得排名 3 的成员不用被要求走到房间前面。

——如果你愿意采用既定程序，选择"确认"；

——如果你不希望队中获得排名 3 的成员被叫到房间前面，选择"不用起立"并确认你的决定。

如果队中至少有两位成员选择"不用起立"，你队中获得排名 3 的成员将不会被要求起立并被房间中其他实验参与者知道。在这种情况下，选择"不用起立"的成员每人将会付 10 ECU 的成本，这会从他们本小节的收入中扣除。

其他无论何种情况，都采用既定程序，队中获得排名 3 的成员将会被叫到房间前面，然后再返回他们的座位。队中所有成员的收入将不会发生改变。

你将被告知你队中每一个成员的决定，以及他们所获得的分数和排名。

在你做了决定之后及获得排名 3 的实验参与者回到他们的座位后，你的电脑屏幕上将会出现一个需要你描述当前感受的问卷。

如果你对本实验说明有任何问题，请举手。我们将会单独地回答你的问题。

理解性问卷

我们要求你回答以下问题。

1. 根据既定程序：

□ 只有获得排名 3 的需要起立

□ 只有获得排名 1 的需要起立

□ 当获得排名 3 的必须要起立时，获得排名 1 的也必须要起立

□ 获得排名 1 的和获得排名 3 的都需要起立

2. 如果_____，获得排名 3 的将不用起立。

□ 队中 1 个成员选择"不用起立"

□ 队中 2 个成员选择"不用起立"

□ 队中 3 个成员选择"不用起立"

3. 如果我选择"不用起立"来避免排名 3 起立，_____，10 ECU 将会被从我的收入中减去。

□ 无论队中其他成员的选择

□ 队中 2 个成员或 3 个成员选择"不用起立"

第 4 节

这一小节的规则和第 2 小节相同。

我们要求你执行相同的任务用时 4 分钟。在这一小节你将会得到 100 ECU。

4 分钟之后，你的屏幕将会显示你的分数和这一节中你在队中的排名。你将被告知你队中其他两位成员分别获得的分数和排名。

接着，你的电脑屏幕上将会出现一个需要你描述当前感受的问卷。

最后你将被要求填写一个实验后问卷，然后被邀请进入付款房间完成支付。

附录 2：相同实验组和不同实验组实验说明

感谢你参加本次决策实验，在整个实验过程中禁止和其他实验参与者进行交谈。

首先我们要求你描述你现在的感受。你的屏幕将显示一列共 10 种情感。对于每种情感，我们要求你选择从 1~7（包括 1 和 7）的一个数值来描述你现在的感受程度。

所选择的数值越高意味着你更加强烈地感受到这种情感。例如，选择数值 1 表示你完全没有感受到一点这种情感。相反地，选择数值 7 表明你非常强烈地感受到了这种情感。介于两者之间的数值则表示某种中间程度的感受。

对任何一种情感选择不需要花太多时间；简单选择一个数字——能最恰当描述你当前的感受即可。

10 种情感如下：

——我感到愤怒

——我感觉受到轻视

——我感到害羞

——我感到嫉妒

——我感到难过

——我感到高兴

——我感到内疚

——我感到感激

——我感到害怕

——我感到宽慰

接下来的实验由几个小节组成。在完成每小节后，你将收到下一小节的实验说明。在这些小节中，你获得的金钱数额的多少取决于你及其他与你进行互动的实验参与者的行为。在整个实验中，你的收入将会以

ECU(实验货币单位)来表示。在实验结束之后，你所获得的 ECU 总收入将是你在每一小节所获得收入的总和。这些收入将会以如下比率被兑换成人民币：

$$10\ ECU=1\ 元人民币$$

在实验结束之后，你的收入将会以现金形式单独地付给你。

准备部分

作为一个提醒，在这一小节开始，实验参与者将会被平均地分到两组中的一组中去。每一组以艺术家的名字 Klee 或者 Kandinsky 命名。你将被随机分到两组中的其中一组，或者 Klee 组，或者 Kandinsky 组。在整个实验中你所在的组不发生变化。

在被告诉了你所在的组后，你的屏幕将会显示五对绘画。每对绘画中，一幅绘画是由 Klee 创作的，而另外一幅是由 Kandinsky 创作的。你的屏幕将会显示哪一位艺术家创作了哪一幅绘画。每一对绘画将会被显示 20 秒。

在观察了这五对绘画作品之后，你的屏幕将会依次显示另外的两幅绘画。你将会被要求分别选择你认为是哪一位艺术家（Klee 还是 Kandinsky）创作了这两幅绘画。每一个正确的回答，你将会得到 50 ECU。

当你分别回答这两个问题时，你可以从你所在组的其他组员中获得帮助或者帮助其他的组员。事实上，在你提交你的每一个回答之前，你有 3 分钟时间使用一个组内的聊天程序来获取帮助或者帮助你的组员。

除了以下限制，你能够在聊天程序中靠下的框中键入任何你想要的信息：

——请不要暴露你自己的身份或者发送任何可以用来识别你身份的信息（年龄，性别，学校……）；

——请克制使用侮辱或者攻击性的语言。

将信息发给你的组员，只需要简单地按一下 ✓ 按钮。

你们的信息将仅会在你所在组的组员之间分享。你不能够看到另外一组的交流信息。同样另外一组的组员也不能看到你所在组的交流信息。

交流时间结束之后,你将被要求选择你的回答,你认为是哪一位艺术家创作了屏幕上的该幅绘画(Klee 还是 Kandinsky)。在实验结束之后,你将会被告知你的答案是正确的还是错误的。

在你提交了你的两个回答之后,你的电脑屏幕上将会出现一个需要你描述当前感受的问卷。填写该份问卷的规则和以前所述一样。

请再次阅读本实验说明。如果你对于实验说明有任何问题,请举手。我们将会单独地回答你的问题。

第 1 节

在这一小节开始及整个实验中,实验参与者将会每三个人组成一队。你们队中的成员组成将会在整个实验过程中保持固定。你不知道你们队其他成员的身份。但是,你却知道队中另外两位成员分别来自哪一个组(Klee 还是 Kandinsky);同样地,你组中的成员也会知道你来自哪一个组。

在这一小节,我们要求你在 4 分钟内执行一项任务,这项任务是用你的鼠标移动苹果到篮子中去。

每一个移动到篮子里的苹果将会增加你的分数一个单位。你当前的分数(如当前篮子中苹果的数量)和剩余时间将会在你的屏幕上一直显示。

4 分钟之后,你的屏幕将会显示在这一小节你的分数。但你不知道你队中其他两位成员的分数。

在这一小节你将获得 100 ECU。

在开始执行这个任务之前,你将有 2 分钟的时间来练习这个任务。在练习中的表现将不会被计入你在这一小节的成绩。

在这一小节的结尾,你的电脑屏幕上将会出现一个需要你描述当前感受的问卷。

如果你对本实验说明有任何问题，请举手。我们将会单独地回答你的问题。

第 2 节

在这一小节，你队中成员的组成和前一小节是一样的。

我们要求你在 4 分钟时间里在你的电脑上执行相同的任务。在这一小节，你将获得 100 ECU。

和前面一节不同的是，在 4 分钟结束之后，你的屏幕将会显示本小节你的分数和你在队中的排名。

排名 1 将会给予队中获得最高分数的成员。

排名 3 将会给予队中获得最低分数的成员。

排名 2 将会给予队中获得中间分数的成员。

如果两位或者三位队中成员分数相同，成员的排名将会被随机地决定。

你将会被告知你队中其他两位成员所在的组，获得的分数和排名。

最后，你的电脑屏幕上将会出现一个需要你描述当前感受的问卷。

如果你对本实验说明有任何问题，请举手。我们将会单独地回答你的问题。

第 3 节

在这一小节，你队中成员的组成和前面的小节是一样的。

我们要求你在 4 分钟时间里在你的电脑上执行与之前相同的任务。在这一小节，你将会获得 100 ECU。

4 分钟之后，你的屏幕将会显示你的分数和你在队中的排名，队中其他两位成员分别所在的组（Klee 还是 Kandinsky），获得的分数和排名。

和前面的小节不同的是每一队中获得排名 3 的实验参与者（获得最低分数的）将会被要求起立，一个接一个地走到房间的前面，接着大声说出他们所在的组(Klee 还是 Kandinsky)然后再返回他们的座位。

然而,你可通过你的决定改变这个既定程序。在被告知获得的排名之后,也即获得排名 3 的实验参与者(获得最低分数的)被要求站到房间前面之前,你可决定是否采用这个既定程序,或者你更倾向于队中获得排名 3 的成员不用被要求走到房间前面。

——如果你愿意采用既定程序,选择"确认";

——如果你不希望队中获得排名 3 的成员被叫到房间前面,选择"不用起立"并确认你的决定。

如果队中至少有两位成员选择"不用起立",你队中获得排名 3 的成员将不会被要求起立并被房间中其他实验参与者知道。在这种情况下,选择"不用起立"的成员每人将会付 10 ECU 的成本,这会从他们本小节的收入中扣除。

其他无论何种情况,都采用既定程序,队中获得排名 3 的成员将会被叫到房间前面,大声说出他所在的组然后再返回他们的座位。队中所有成员的收入将不会发生改变。

你将被告知你队中每一个成员的决定,以及他们所在的组、获得的分数和排名。

在你做了决定之后及获得排名 3 的实验参与者回到他们的座位后,你的电脑屏幕上将会出现一个需要你描述当前感受的问卷。

如果你对本实验说明有任何问题,请举手。我们将会单独地回答你的问题。

理解性问卷

我们要求你回答以下问题。

1. 根据既定程序:

☐ 只有获得排名 3 的需要起立

☐ 只有获得排名 1 的需要起立

☐ 当获得排名 3 的必须要起立时,获得排名 1 的也必须要起立

□获得排名 1 的和获得排名 3 的都需要起立

2. 如果_____，获得排名 3 的将不用起立。

□队中 1 个成员选择"不用起立"

□队中 2 个成员选择"不用起立"

□队中 3 个成员选择"不用起立"

3. 如果我选择"不用起立"来避免排名 3 起立，_____，10 ECU 将会被从我的收入中减去。

□无论队中其他成员的选择

□队中 2 个成员或 3 个成员选择"不用起立"

第 4 节

这一小节的规则和第 2 节相同。

我们要求你执行相同的任务用时 4 分钟。在这一小节你将会得到 100 ECU。

4 分钟之后，你的屏幕将会显示你的分数和这一节中你在队中的排名。你将被告知你队中其他两位成员分别所在的组（Klee 还是 Kandinsky）、获得的分数和排名。

接着，你的电脑屏幕上将会出现一个需要你描述当前感受的问卷。

最后你将被要求填写一个实验后问卷，然后被邀请进入付款房间完成支付。

第 3 章

映像互惠：来自实验室实验的证据

3.1 导 论

互惠行为在现实社会中是一种普遍和重要的现象。许多经济学论文已经证实互惠有助解释许多标准理论不能解释的行为。例如，互惠被认为可以解释劳动力市场上的价格偏离(Fehr et al., 1998)和工资刚性——甚至在劳动力供给过剩的时候，企业仍旧愿意支付给工人一个高于市场均衡的工资；同时工人通过更多的努力以回馈雇主所支付的较高工资(Kirchler et al., 1996; Fehr et al., 1998)。互惠被认为是非激励相容合同得以执行的一个关键要素(Fehr et al., 1997)并且使得社会规范得以维持(Fehr et al., 2002)。尽管互惠在最近几十年获得许多关注，但经济学家主要关注物质报酬方面的互惠行为；非物质方面的互惠比如像映像互惠目前仍未获得很多关注。

最近的经济学文献强调映像激励是人们行为的一种潜在激励。映像激励意味着人们不仅仅关注他们行为的结果，而且也关注其他人如何看待他们的行为。映像激励被证明有助公共品游戏中参与者之间的协调(Filiz-Ozbay, 2010)；有助于增加慈善捐赠中的捐赠数额(Alpizar et al., 2008; Ariely, et al., 2009)；有助于人们在需要自愿贡献的网站上分享相关信息(Toubia and Stephen, 2013)并促使人们购买代表高社会等级的产品(Johansson-Stenman and Martinsson, 2006)。映像激励的影响应该归因于人们能够从自尊中直接获得效用。人们渴望获得尊重(Villeval, 2011)且不喜欢他们的负向映像被公开暴露(Eriksson et al., 2014)。然而一个问题仍旧没有得到回答，就是人们是否在映像方面表现出互惠行为？特别的，如果人们拥有牺牲个人成本以维护某人映像的选项并且选择这样做时，是否这个人会回馈这样的善意行为？相反的，如果人们不这样做，这个人是否会惩罚这种不友善行为？

正如物质领域的互惠行为一样，映像互惠是在社会交往、贸易和劳动关系中的一种重要现象。映像互惠意味着人们寻求回馈某人的映像善意行为并且惩罚某人的映像恶意行为。例如，在社会交往中，人们寻求维护其他人的尊严和声誉并且期望这个和他们互动的人回予相同的尊重。在商业往来中，商业伙伴尝试维护互相尊重。相反在劳动关系中，如果老板羞辱他的雇员，这些雇员也可能降低努力程度以报复，这样双方的劳动关系可能会结束并且合作也会不成功。在一些国家，如东亚国家文化中，映像互惠或者脸面互惠（Ho，1976）是非常重要的，人们从小就被教育需要尊重其他人的映像并且在社会交往中遵从脸面互惠的规则（Hwang，1987；Chang and Holt，1994）。

本章的贡献主要有两方面。首先，我们致力于研究在映像领域的互惠行为，特别是，人们是否回馈其他人的映像善意行为或者惩罚其他人的映像恶意行为。我们区分直接互惠和间接互惠。在直接互惠中，人们回馈（惩罚）某人对自己的善意（恶意）行为；而在间接互惠中，人们回馈（惩罚）某人对第三方的善意（恶意）行为。其次，我们研究映像互惠的存在是否影响人们在任务中的努力程度。

在我们实验的基准实验组中，实验参与者每三人组成一个队完成一项真实努力任务。我们比较队中队员在真实努力任务中的表现。队中表现最差的队员必须走到实验室前面并且一个接一个地接受公开暴露。然而实验参与者能够选择支付费用以避免这样的公开暴露以维护队中表现最差者的映像。在羞愧—表扬实验组中，队员可以通过选择支付费用来让表现最好者走到实验室前面并接受其他实验参与者的鼓掌来回馈表现最佳者，这可以用来测试正向的映像互惠。在羞愧—避免表扬实验组，设计允许队员能够通过避免表现最好者获得公开表扬来检验负向映像互惠。除此之外在表扬—羞愧实验组，对队中表现最差者和表现最好者公开暴露的顺序进行互换以检验公开暴露的顺序是否对映像互惠产生影响。为提供对情感的测量，在实验局的不同时间点，通过实验参与者自我报告的调查问卷以收集实验参与者对一系列可能发生情感的数据。

本章有四个主要发现。第一，实验参与者在正向领域表现出直接映像互惠——当表现最好者在前一阶段选择避免队中表现最差者的公开暴露后，表现最差者更加愿意公开表扬队中表现最好者。相似的，当表现最差者在前一阶段选择公开表扬队中表现最好者后，表现最好者更加愿意避免表现最差者的公开暴露。然而当队友没有选择友善行为时，表现最差者并没有惩罚他们。第二，实验参与者在正向领域也表现出非直接的映像互惠行为。当表现最差者对队中另外一名队员展示出友好行为时，队友也更加愿意避免这位表现最差者的公开暴露。当表现最好者对队中另外一方队员展现友好行为时，队友也更加愿意公开表扬这位表现最好者。第三，被公开暴露的表现最差者报告最高强度的羞愧，而被公开暴露的表现最好者报告最高强度的快乐，这证实公开暴露程序极大加强实验参与者的映像。第四和基准实验组相比，实验参与者在存在映像互惠的实验组中并没有降低他们的努力程度。

本章接下来的部分组织如下：第二部分综述相关文献；第三部分发展一个映像互惠的理论模型，相关假设也在这一部分提出；第四部分表述了实验设计；第五部分报告经验结果；第六部分是相关讨论。

3.2 相关文献

本研究与映像和互惠两个领域的文献相关。在最近几十年，许多研究已经证实映像的重要性。人们能够从值得赞扬的道德行为的正向自我映像中获得效用(Johansson-Stenman and Svedsater, 2012)。例如，公开的个人资料使得自愿者在在线网站上更多的分享对产品的反馈意见(Wang, 2010)。因为相同的原因，人们更加愿意成为自愿消防员(Carpenter and Myers, 2010)并且表现出更多的亲社会性行为(James and Bernheim, 2009; Cueva and Dessi, 2012; Tonin and Vlassopoulos, 2013)。一种解释是公开的行为使得人们不愿意违背他人的期望(Dana *et* al.，2006），而这使得公开暴露成为一种激励个人的有效工具(Irlenbusch and Sliwka，2005)；另一方面，Coricelli et al.（2010，2014)发现对映像这样非物质领域的考量使得人们不愿偷税漏税。对人们负向映像的公开暴露影响他们工作中的内部激励(Eriksson et al.，2014)。此外公开的惩罚有助于社会规范的执行(Coricelli et al.，2010；Xiao and Houser，2011)。行为是否为信任者所见会影响被信任者在一个拓展的信任游戏中的行为(Tadelis，2008)。和这些经验发现一脉相承，Koszegi(2006)、Benabou 和 Tirole(2006)、Ariely et al.（2009)将映像包括在理论模型中，在这些模型中，人们不仅仅关注他们自己的收入而且也关注其他人如何看待他们的行为。然而，已有研究主要关注映像的影响，本章通过探讨人们是否在映像领域表现出互惠行为以及对互惠的在意如何影响人们在真实努力任务中的表现来对目前的研究进行拓展。

互惠被认为是解决协调问题的一个重要因素。经验研究发现，当礼物互换游戏(gift-exchange game)中代理人的努力程度对委托人是可见的时，和代理人的相互合作可能性会增加(Irlenbusch and Sliwka，2005)。销售员给商业伙伴分发产品样品作为礼物以推动销售额的巨大增长(Marechal and Thoni，2007)。人们更可能汇款帮助那些曾经帮助过他们的人(Blumenstock，2011)。除此之外，互惠被认为是增加人们亲社会性贡献的关键因素。例如，在田野环境下，Falk(2007)和 Alpizar et al.（2008)发现礼物能够增加自愿者捐赠的频率和数额。银行提供给贷款人低于市场的利率以减少违约的可能性(Cornee and Szafarz，2012)。甚至在一次性互动(Berg et al.，1995)或者通过互联网的联系中(Charness et al.，2007)，互惠也仍旧存在。当物质利益数额巨大时，人们仍旧表现出互惠行为(Fehr et al.，2002)。进一步说，人们间的互动被认为有利于互惠关系的建立(Gachter and Falk，2002；Sethi and Somanathan，2003；Leider et al.，2009)。本章对文献的贡献在于检验人们是否在映像方面表现出互惠行为。

3.3 理论模型和预测

本章理论模型源于 Benabou 和 Tirole(2006)所发展的模型。个人 i 完成一个任务的动机来自于三种激励：内部激励(v_e)、外部激励(v_y)和映像激励[$R_i(.)$]。(v_e,v_y)被假定满足正态分布。我们纳入从其他人正向或负向映像中获得的效用来对个人效用函数进行拓展。接下来，这个模型进一步发展以包括互惠项。具体来说，个人 i 的整体效用定义如下：

$$U_i(e_i,s_i,s'_i) = yv_y + e_iv_e - C_i(e_i) + R_i(.) - K[s_i,E(.)] \quad (1)$$

这里 e_i 是个人 i 的努力程度，s_i 代表个人对于其他队员公开暴露的决策，s'_i 代表个人对于其他选择支付的队员数量的预期。$C_i(e_i)$ 是努力的成本，这被设定为凸的。如果一个人是表现最差者且被公开暴露时，映像效用函数 $R_i(.)$ 对个人效用产生负向影响；如果一个人是表现最好者且被公开暴露时，映像函数使得个人效用函数产生正向影响。如果个人对映像不在乎或者公开暴露被避免，那么这一项等于0。如果一个在乎映像的人作为表现最差者(表现最好者)被公开暴露，那么这一项等于声誉损失(收益)。$K[s_i,E(.)]$ 代表需要支付用以避免公开暴露的费用，当个人选择支付且默认的公开暴露程序被改变后，这笔费用被扣除。个人 i 在预期其他队员的选择这个前提下，选择在任务中投入的努力程度 e_i 并决定是否支付费用以改变默认的公开暴露程序以最大化他们的总体效用。特别的，个人 i 的映像函数分别在两种情况下能够表示成如下形式：

如果队员作为表现最差者被公开暴露：

$$R_i(.) = \alpha_i E_i(s_i,s_{j,k},s'_i \mid e_i < e_j, K) + \beta_i E_j(s_i,s_{j,k},s'_i \mid e_j < e_{i,k}, K)$$

(2)

其中 $\alpha_i \geqslant \beta_i \geqslant 0$。

如果队员作为表现最好者被公开暴露：

$$R_i(.) = \alpha_i E_i(s_i, s_{j,k}, s'_i \mid e_i > e_{j,k}, K) + \beta_i E_j(s_i, s_{j,k}, s'_i \mid e_j > e_{i,k}, K) \quad (3)$$

其中 $\alpha_i \geqslant \beta_i \geqslant 0$。

映像效用函数由两部分组成，方程(2)和方程(3)中的第一部分代表个人 i 本人公开暴露的效用函数；方程(2)和方程(3)中的第二部分代表个人 i 因其他队员 j 公开暴露的效用函数。s_i 代表个人 i 的支付费用以改变自己或者其他队员 j 对默认公开暴露程序的选择。s'_i 代表个人 i 对选择支付的其他队友数量的预期。相应地，$s_{j,k}$ 被定义为另外的队友 j 和 k 的选择。K 代表用以避免公开暴露的费用。

$E_i(.)$ 和 $E_j(.)$ 分别代表个人 i 和另外一个队员 j 被公开暴露的期望，这是在队友相对表现和避免暴露费用条件下，队中队员做出的选择和期望的函数。如果队员作为表现最差者被公开暴露，$E_i(.)$ 和 $E_j(.)$ 对个人 i 的映像项产生负向影响；如果队员受到公开表扬，$E_i(.)$ 和 $E_j(.)$ 对个人 i 的映像函数产生正向影响。

个人 i 对于自己和其他队员 j 的映像的在意程度不同。α_i 代表个人 i 对于自己映像的在意程度，如果个人 i 不在意被公开暴露，那么 $\alpha_i = 0$。β_i 代表对另外队员 j 映像的在意程度，如果 i 一点不在意其他人的映像，那么 $\beta_i = 0$。如果个人 i 作为表现最差者被公开暴露（$e_i < e_{j,k}$），他遭受效用损失 $\alpha_i(\alpha_i > 0)$。如果另外一位队员 j 由于表现最差而被公开暴露（$e_j < e_{i,k}$），个人 i 遭受效用损失 β_i。如果个人 i 或者另外一位队员因为表现最好而被公开暴露，那么相反情况成立。我们假定人们更加在意自己的映像而不是其他人的映像（$\alpha_i > \beta_i$）。

在人们在意自己和其他人的映像这个前提下，互惠项 q^i 被引入个人 i 的效用函数中（Charness and Rabin，2002）。这一点反映出人们更加在意那些之前对他们展现善意的人的映像，而更加不在乎那些前期对他们展现恶意的人的映像。

如果队中队员作为表现最差者被公开暴露：

$$R_i(.) = \alpha_i E_i(s_i, s_{j,k}, s'_i \mid e_i < e_{j,k}, K) + \\ (\beta_i + \theta_i^j q^j) E_j(s_i, s_{j,k}, s'_i \mid e_j < e_{i,k}, K) \quad (4)$$

其中 $\alpha_i \geqslant \beta_i \geqslant 0$。

如果队员因为表现最佳而被公开暴露：

$$R_i(.) = \alpha_i E_i(s_i, s_{j,k}, s'_i \mid e_i > e_{j,k}, K) + \\ (\beta_i + \theta_i^j q^j) E_j(s_i, s_{j,k}, s'_i \mid e_j > e_{i,k}, K) \quad (5)$$

其中 $\alpha_i \geqslant \beta_i \geqslant 0$。

q^j 代表个人 i 如何看待 j 的行为，如果 j 的行为是个人 i 所期望的，则个人 i 将 j 的行为看作一个善意行为，此时 $q^j = 1$。如果 j 的行为不是个人 i 所期望的，则个人 i 将 j 的行为看作一个恶意行为，此时 $q^j = 0$。

互惠行为反映在假设 $\theta_i^j > 0$。如果 j 对个人 i 做出友善行为，则个人 i 对 j 的映像的在意程度增加 θ_i^j，这是一种正向互惠。这也反映了因为 j 的善意行为造成个人 i 对其他人映像在意程度的改变。相反如果 j 的行为是不友善的，个人 i 对 j 映像的在意程度将下降 θ_i^j，这时出现负向互惠。这反映了由于 j 的错误行为导致个人 i 对其映像在意程度的改变。

方程(4)和(5)使得我们可以推出正向映像互惠假设。如果某人避免个人 i 负向映像的公开暴露，个人 i 将会认为这是一个善意行为并因此更加在意这个人的映像作为回馈。因而个人 i 更加愿意避免这个人的负向映像或者增强这个人的正向映像作为报答。

正向映像互惠假设：在其他条件相同的情况下，如果一个人表现出映像善意行为，人们将更愿意避免这个人的负向映像或者增强这个人的正向映像。

相反如果一个人没有避免个人 i 负向映像的公开暴露或者他没有增强个人 i 的正向映像；个人 i 将会认为这是一个不善意的行为并且对这

个人映像的在意程度会下降。所以个人 i 将不愿意避免这个人的负向映像或者更加愿意以避免这个人正向映像的公开暴露作为报复。因此我们提出的负向映像互惠假设如下：

负向映像互惠假设：在其他条件相同的情况下，如果一个人表现出映像不友善行为，人们将不愿意避免这个人负向映像的公开暴露或者更加愿意避免这个人的公开表扬。

基于方程(2)，(3)，(4)和(5)，我们提出第三个假设。映像互惠可能性的存在使得其他队员有更高意愿来避免表现最差者的公开暴露。对映像在意的人理性预期到因表现最差而被公开暴露的可能性更低，因此会策略性地选择在真实任务中投入更少的努力。

努力投入假设：对映像在意的人在存在映像互惠可能性的实验组会降低在真实任务中的努力程度，因为他们理性预期到其他队员更加愿意维护表现最差者的映像。

3.4 实验设计和实验过程

3.4.1 实验组

实验由四个实验组组成，一个基准实验组和三个检验在正向领域和负向领域映像互惠的实验组。

基准实验组

在基准实验组，实验参与者在实验局的开始每三人随机组成一队，并且队中队员组成在整个实验局中保持固定。接下来，实验参与者需要在四节中完成相同的真实任务并且在每一节会获得一个固定工资(100 ECU)[①]。这个真实任务要求实验参与者将屏幕上的苹果移动到篮子里

---

① 采用固定工资使得在任务中排除了外部激励。

去，每一个移动到篮子里的苹果都会增加实验参与者的分数一点①。他们自己的分数一直显示在屏幕的底部。这个真实任务在每一节持续4分钟，并且在正式任务前有一个2分钟的练习环节。

反馈信息在每一节是不同的。在第1节的末尾，实验参与者仅仅知道他们自己的分数。在第2节的末尾，实验参与者则不仅仅知道他们自己的分数，而且也知道队中队员（包括他们自己）的分数和相对排名。队中表现最好的队员排名1，队中表现中等队员排名2而队中表现最差队员排名3②。在第3节的末尾，除了对队中每位队员分数和相对排名的反馈外，获得排名3的队员被要求起立并一个接一个地走到实验室前面，然后再返回他们的座位。因此表现最差者被公开暴露并被所有实验参与者知道，这对表现最差者造成一种映像损失。公开暴露不会造成金钱损失。然而队员（包括表现最差者）能够选择支付费用来避免他们队中表现最差者的公开暴露。如果队中至少有两位队员（包括表现最差者）选择支付，表现最差者的公开暴露将会被避免，此外10 ECU将会从选择支付费用的队员收入中扣除。否则表现最差者将会被公开暴露并且选择支付费用队员的收入不发生变化。第4节的反馈信息和第2节的是相同的，实验参与者仅仅知道每位队员的分数和排名。

在实验局的末尾，一个问卷被用来收集实验参与者的相关人口特征信息。除此之外，在实验局的每一步有一个自我报告的情感调查用来收集十种情感的强度（愤怒、蔑视、羞愧、嫉妒、悲哀、快乐、内疚、感恩、害怕和宽慰）。

羞愧—表扬实验组

本实验组和基准实验组的不同处是本实验组可能在第3节存在对表

---

① 在实验参与者将苹果移动到篮子中后，另外一个苹果会随机出现在屏幕上，如此进行直到该小节结束。这个真实游戏是和实验参与者的努力程度紧密相关而和他们的能力无关的。

② 如果两位或者三位队员在这一节取得相同的分数，他们的相对排名将会被随机决定。

现最优者的公开表扬阶段。在第 3 节表现最差者公开暴露后，队员（包括表现最好者）能够选择支付费用以公开表扬他们队中表现最好者。如果至少有两位队员选择支付，表现最好者需要起立，走到实验室前面接受其他实验参与者的鼓掌，然后再返回他们的座位。相似的，10 ECU 会从选择支付的实验参与者的收入中扣除。否则表现最好者只能坐在他们的座位上。在队员做这个选择之前，他们将会被告知每位队友在前一阶段对支付费用以避免表现最差者公开暴露的选择。公开表扬表现最佳者这个选项使得表现最差者能够回馈表现最佳者在第 3 节前一阶段的善意行为，而这反映了正向映像互惠。而且在第 3 节第一阶段表现最好者对表现最差者的善意行为而导致表现中等者公开表扬表现最好者的更高意愿，这意味着非直接正向映像互惠的存在。

羞愧—避免表扬实验组

这个实验组类似于羞愧—表扬实验组，区别在于在第 3 节第二阶段的默认设计是表现最好者需要起立，走到实验室前面并接受所有实验参与者的鼓掌。然而如果任一队员（包括表现最好者）选择支付费用，表现最好者的公开表扬就会被避免。在这种情况下，表现最好者只能坐在他们的座位上。在实验参与者做是否避免表现最好者的公开表扬这个选择之前，他们会收到每一位队员在前一阶段对表现最差者公开暴露选择的反馈信息。如果表现最好者在前一阶段没有选择支付费用以避免表现最差者的公开暴露，那么表现最差者可能决定支付费用来避免表现最好者的公开暴露，这反映了负向映像互惠。相似的，表现中等者对表现最好者的态度是否根据表现最好者的决定可以使得我们观察队员间是否存在非直接的负向映像互惠。

表扬—羞愧实验组

为研究表现最差者和表现最好者公开暴露的顺序可能造成的潜在影响，我们引入表扬—羞愧实验组。这个实验组保持和羞愧—表扬实验组相似的设计但是将表现最差者和表现最好者公开暴露程序的顺序进行颠倒。在这个实验局的第 3 节，队员首先选择是否支付费用来避免队中表现最好者的公开表扬。在他们被告知每一位队员的选择以及表现最好者被公开暴露后。队员需要选择是否支付费用来避免队中表现最差者的公开暴露。除了研究公开暴露顺序对映像互惠存在的影响外，这个实验局也可以使得我们观察正向互惠和非直接正向互惠。除此之外，后面的这三个实验组允许我们检验映像互惠的存在对人们努力程度的影响。在实验的每一步，相同的自我报告情感试卷被用来收集实验参与者的情感强度。

期望诱导

实验参与者在做每个选择前可能会估计其他人支付费用的意愿。在实验参与者做出对队友是否被公开暴露的选择后，他们需要估计另外两位队友中有几位(0，1 或 2)选择支付费用的问题。每一个正确的预测会使实验参与者的收入增加 50 ECU。为控制引入提供金钱激励的预期问题可能造成的对冲效应(hedging effect)，这个问题没有在实验说明中提及。

3.4.2 实验过程

实验是于 2011 年 12 月、2013 年 3 月和 2015 年 5 月在位于中国北京的北京师范大学实验室进行的。通过从北京师范大学和北京邮电大学的在线校园论坛总共招募来自不同学科的 270 位本科生和研究生参于实验。实验包括 4 个实验组一共 15 个实验局。表 3-1 总结了实验的基本信息。

表 3-1 实验局的描述统计

实验局序号	实验组	实验局人数(人)	平均年龄(岁)	女性比率(%)
1	基准实验组	18	21.78	77.78
2	基准实验组	18	22.39	94.44
3	基准实验组	18	22.00	94.44

续表

实验局序号	实验组	实验局人数(人)	平均年龄(岁)	女性比率(%)
4	基准实验组	18	22.78	72.22
5	羞愧—表扬实验组	18	22.39	83.33
6	羞愧—表扬实验组	18	22.17	88.89
7	羞愧—表扬实验组	18	22.28	61.11
8	羞愧—表扬实验组	18	21.56	50.00
9	羞愧—避免表扬实验组	18	21.89	27.78
10	羞愧—避免表扬实验组	18	23.11	50.00
11	羞愧—避免表扬实验组	18	22.28	55.56
12	羞愧—避免表扬实验组	18	22.83	55.56
13	表扬—羞愧实验组	18	21.67	83.33
14	表扬—羞愧实验组	18	21.89	83.33
15	表扬—羞愧实验组	18	22.78	88.89

实验参与者的平均年龄是 22.25 岁，其中女性比率是 71.11%。实验使用被试者间设计（between-subject design），实验程序使用 REGATE 软件包进行编程。包括现金支付步骤的每个实验局平均实验时间是 1.5 小时。被试者的平均收入是 45 元人民币（5.6 欧元），这大概等于在北京从事兼职工作的报酬，报酬被私下发给每位被试者。

3.5 结　果

接下来，首先，本章研究实验参与者是否回应那些对他们表现出善意/非善意行为的人；其次，我们探讨实验参与者是否回报/惩罚那些对其他队员表现出善意/非善意行为的人；再次，我探讨实验参与者在整个实验中的内在心理因素；最后，我们检验映像互惠的可能性是否影响人们对努力的投入。

结果 1：实验参与者展现出正向映像互惠。如果排名 1 的实验参与者选择避免排名 3 的实验参与者的公开暴露，获得排名 3 的实验参与者更加愿意获得排名 1 的实验参与者接受公开表扬。如果排名 3 的实验参与者选择公开表扬排名 1 的实验参与者，获得排名 1 的实验参与者会更加愿意避免获得排名 3 的实验参与者的公开暴露。然而，这种互惠行为没有在负向领域发生。

表 3-2　根据 R1/R3 的选择，选择善意(非善意)行为 R3/R1 数量

羞愧—表扬实验组		
	如果 R1 选择善意行为	如果 R1 选择非善意行为
选择善意行为 R3 数量	8/11	0/13
选择非善意行为 R3 数量	3/11	13/13
表扬—羞愧实验组		
	如果 R3 选择善意行为	如果 R3 选择非善意行为
选择善意行为 R1 数量	2/2	2/16
选择非善意行为 R1 数量	0/2	14/16
羞愧—避免表扬实验组		
	如果 R1 选择善意行为	如果 R1 选择非善意行为
没有选择报复行为 R3 数量	9/9	15/15
选择报复行为 R3 数量	0/9	0/15

表 3-2 的第一个模块显示在羞愧—表扬实验组的第 3 节，根据获得排名 1 的实验参与者在之前阶段的选择，选择回馈的排名 3 实验参与者数量。实验参与者在第 3 节的第一个阶段选择避免获得排名 3 实验参与者的公开暴露或者选择公开表扬获得排名 1 的实验参与者数量可以被定义为善意行为，否者将会被定义为非善意行为。实验参与者在第 3 节第二个阶段选择公开表扬获得排名 1 实验参与者或者选择避免排名 3 实验参与者的公开暴露被认为是对善意行为的回馈；否者则被认为是对非善意行为的回应。数据显示这种差别是显著的。如果获得排名 1 的实验参

与者在第一阶段选择支付以避免获得排名3实验参与者的公开暴露,11位获得排名3的实验参与者中有8位会通过在第二阶段公开表扬获得排名1的实验参与者来作为报答。相反如果获得排名1的实验参与者没有在之前阶段选择支付来避免排名3实验参与者的公开暴露,没有1位获得排名3的实验参与者在第二阶段选择支付来表扬获得排名1的实验参与者。两群体比例检验(two-group proportion test)证实,根据获得排名1的实验参与者在第一阶段选择是否避免排名3实验参与者的公开暴露,获得排名3的实验参与者在第二阶段的选择在1%显著性水平上显著不同($p=0.002$)。

表3-2的第二个模块表示在表扬—羞愧实验组的第3节,根据排名3的实验参与者在前一阶段的选择,获得排名1的实验参与者选择回报获得排名3的实验参与者的比例。相同地,在知道排名3的实验参与者在前一阶段的选择后,获得排名1的实验参与者的选择也是不同的。如果获得排名3的实验参与者选择公开表扬获得排名1的实验参与者,所有获得排名1的实验参与者(2/2)选择支付费用以避免排名3实验参与者的公开暴露。如果排名3的实验参与者没有选择公开表扬获得排名1的实验参与者,16位获得排名1的实验参与者中仅有2位选择避免排名3实验参与者的公开暴露。两群体比例检验(two-group proportion test)表明,根据获得排名3的实验参与者在前一阶段的不同选择,获得排名1的实验参与者在做关于排名3的实验参与者是否公开暴露选择在5%显著水平是显著不同的($p=0.060$)。总而言之,这张表的前两个模块支持正向映像互惠假设,人们是否对某人展现映像友善行为是根据这个人是否在前期对他们表现出映像善意行为。

表3-2的第三个模块表明,在羞愧—避免表扬实验组的第3节,根据获得排名1的实验参与者的选择,获得排名3的实验参与者惩罚排名1实验参与者的比例。数据显示不管获得排名1的实验参与者选择避免获得排名3的实验参与者公开暴露与否,没有1位获得排名3的实验参与

者选择避免获得排名1的实验参与者的公开暴露作为报复。这个结果违反负向映像互惠假设,这意味着当人们没有获得善意对待时,他们也不愿意破坏其他人的映像。

结果2:人们在正向领域表现出非直接的映像互惠。获得排名2的实验参与者更加愿意公开表扬选择避免排名3实验者公开暴露的排名1的实验参与者。相同地,获得排名2的实验参与者更加愿意避免选择表扬排名1的实验参与者和排名3实验参与者的公开暴露。然而在负向领域,非直接互惠并没有出现。

表3-3 根据R1/R3选择,选择善意(非善意)行为R2数量

羞愧—表扬实验组		
	如果R1选择善意行为	如果R1选择非善意行为
选择善意行为R2数量	4/11	1/13
选择非善意行为R2数量	7/11	12/13
表扬—羞愧实验组		
	如果R3选择善意行为	如果R3选择非善意行为
选择善意行为R2数量	2/2	5/16
选择非善意行为R2数量	0/2	11/16
羞愧—避免表扬实验组		
	如果R1选择善意行为	如果R1选择非善意行为
未选择报复行为R2数量	9/9	15/15
选择报复行为R2数量	0/9	0/15

表3-3的第一个模块表示,在羞愧—表扬实验组的第3节,由于排名1的实验参与者在前一阶段选择的不同,排名2的实验参与者选择回报排名1实验参与者的数量也是不同的。尽管排名1的实验参与者并没有对排名2的实验参与者展现出善意,11位排名2实验参与者中有4位选择支付费用以公开表扬获得排名1的实验参与者以回报他们在前一阶段对排名3实验参与者的善意行为。相反,如果获得排名1实验参与者

没有选择支付费用来避免获得排名 3 实验参与者的公开暴露，13 位获得排名 2 实验参与者中仅有 1 位选择支付费用来公开表扬排名 1 的实验参与者，这种差别在两群体比例检验中也获得证实（$p=0.085$）。

表 3-3 第二个模块的数据显示在表扬—羞愧实验组获得相似的结果。如果排名 3 的实验参与者选择公开表扬排名 1 的实验参与者，所有获得排名 2 的实验参与者（2/2）选择支付以避免获得排名 3 实验参与者的公开暴露。如果获得排名 3 的实验参与者没有选择公开表扬获得排名 1 的实验参与者，16 位获得排名 2 的实验参与者中仅 5 位选择避免排名 3 实验参与者的公开暴露。两群体比例检验显示，根据排名 3 实验参与者是否选择公开表扬排名 1 的实验参与者，排名 2 实验参与者的选择也显著不同（$p=0.034$）的。

表 3-3 的第三个模块报告，根据羞愧—避免表扬实验组中排名 1 实验参与者选择的不同，排名 2 实验参与者选择是否惩罚排名 1 实验参与者。不论获得排名 1 实验参与者选择维护排名 3 实验参与者映像与否，没有一位获得排名 2 实验参与者通过选择避免公开表扬来惩罚排名 1 实验参与者。在负向领域，我们也没有发现非直接映像互惠。

非直接互惠现象——人们对向第三方展现善意行为的某个人进行回馈，已经在当前文献中有大量研究（Dufwenberg *et al.*, 2001; Engelmann and Fischbacher, 2009; Gachter and Herrmann, 2009; Liang and Meng, 2013）。本章实验数据对之前研究的补充在于发现非直接互惠不只是在物质领域出现，而且也在映像领域出现。

为得出正向映像互惠存在的更稳健证据，我们对羞愧—表扬实验组和表扬—羞愧实验组中收集的数据采用 Probit 模型进行回归分析并报告结果。在羞愧—表扬实验组的第 3 节第二阶段，当表现最差者和表现中间者选择公开表扬表现最佳者，或在表扬—羞愧实验组第 3 节第二阶段，表现最好者和表现中间者选择避免表现最差者的公开暴露，则我们定位因变量回报为 1。在羞愧—表扬实验组的第 3 节第一阶段，表现最佳者或者表现中间者选择避免表现最差者的公开暴露，或者在表扬—羞愧实验组的第 3 节第二阶段，表现最差者或者表现中间者选择公开表扬表现最佳者，则自变量善意行为被定义为 1。

表 3-4　对互惠行为 Probit 回归结果

因变量：回报＝1，如果选择互惠；否则，回报＝0	(1)	(2)
善意行为	1.139	1.516
	(0.000)***	(0.001)***
男性	0.263	0.069
	(0.469)	(0.879)
年龄	−0.069	−0.143
	(0.427)	(0.170)
在第 3 节排名 2	−0.200	−0.126
	(0.513)	(0.741)
预期：一位队友选择支付	—	0.595
		(0.038)**
预期：两位队友选择支付	—	1.224
		(0.000)***
观察值	84	84
Log-likelihood	−44.729	−33.088
LR Chi^2	16.04	39.32
Prob > chi2	0.003	0.000
Pseudo R2	0.152	0.373

注：＊＊＊代表在 1% 水平上统计显著，＊＊代表在 5% 水平上统计显著，＊代表在 10% 水平上统计显著。

表 3-4 的第一列表示包括如性别、年龄和"第 3 节中排名 2"等控制变量的回归结果。变量"第 3 节中排名 2"指在第 3 节中获得中间排名的实验参与者。在羞愧—表扬实验组的第 3 节中获得最佳表现的实验参与者和在表扬—羞愧实验组第 3 节中获得最差表现的实验参与者在回归中作为基准

组。回归结果显示，在控制其他变量的情况下，变量"善意行为"在1%显著水平上是显著的。这意味着队员在第3节第一阶段的善意行为导致队员在第二阶段具有更高回报的可能性。

回归模型(2)相对于回归模型(1)在模型中增加变量，实验参与者对选择支付费用的其他队员数量的预期(0，1或2)。变量"善意行为"仍旧在1%显著性水平上显著。对选择支付费用其他队员意愿的预期影响了队员支付费用的选择表明维护一个人的映像是一种社会规范，而这种社会规范的执行受到其他人维护这种社会规范预期的影响。

结果3：情感数据表明实验参与者展现出对公开暴露厌恶的不同缘由。表现最差者在被公开暴露后报告最高强度的羞愧情感；而表现最佳者在被公开暴露后报告最高强度的快乐情感。

表3-5 选择不公开暴露的表现最差者/表现最好者比率

表现最差者

基准实验组	羞愧—避免表扬实验组	羞愧—表扬实验组	表扬—羞愧实验组
75.00% (18/24)	45.83% (11/24)	66.67% (16/24)	88.89% (16/18)

表现最好者

基准实验组	羞愧—避免表扬实验组	羞愧—表扬实验组	表扬—羞愧实验组
—	25.00% (6/24)	95.83% (23/24)	100% (18/18)

研究实验参与者如何看待他们自己映像的公开暴露对于理解映像互惠行为的潜在原因是重要的。表3-5的第一模块描述，在不同实验组，表现最差者选择避免他们自己公开暴露的比率。很明显在所有实验组，大多数表现最差者选择放弃他们的一部分金钱收入来避免公开暴露。在基准实验组，选择支付费用以避免公开暴露的表现最差者比率是66.67%；而在羞愧—避免表扬实验组，这个比率也有41.67%。在羞愧—表扬实验组和表扬—羞愧实验组，表现最差者选择支付费用以避免他们公开暴露的比率分别是75%和83.33%。

除此之外，相当大比率的表现最佳者尝试避免在其他人面前公开暴露。表 3-5 的第二模块显示没有一位表现最佳者在羞愧—表扬实验组和表扬—羞愧实验组选择放弃部分金钱收入来接受公开暴露。除此之外，在羞愧—避免表扬实验组，33.33%的表现最佳者甚至选择支付费用来避免自己的公开表扬。

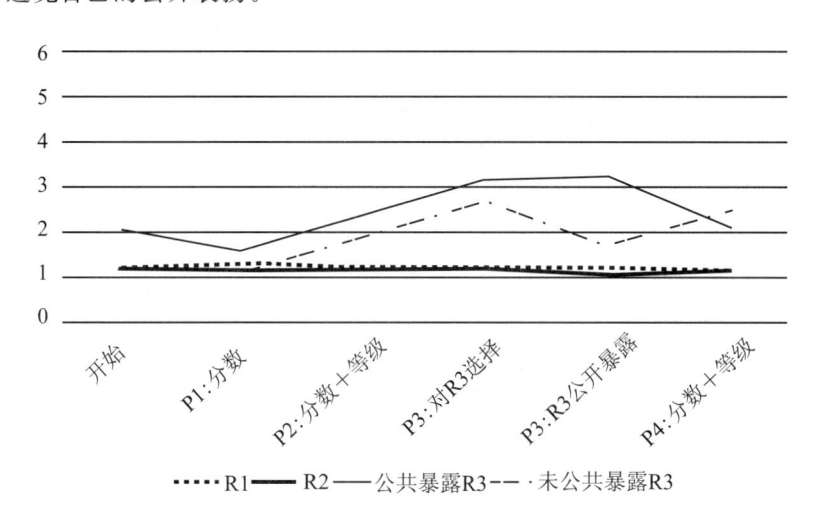

图 3-1 根据第 3 节排名划分，实验参与者报告的羞愧强度(所有实验组)

因为表现最差者和表现最佳者选择避免公开暴露，研究其中的情感可以使得我们区分实验参与者是努力避免因公开暴露所带来的特定情感还是仅仅避免公开暴露程序本身。我们在图 3-1 和图 3-2 分别描述实验参与者在自我报告问卷中报告的情感变化。图 3-1 呈现的是，根据所有实验组中实验参与者在第 3 节的排名分类而报告的羞愧情感强度。表现最好者和表现中等者报告的羞愧强度在整个实验中保持在较低水平且维持稳定。表现最差者在第 2 节末尾知道他们在队中的相对排名后，他们报告的羞愧强度迅速增加(Mann-Whitney 检验，$p=0.001$)，这意味着对相对排名的公开造成情感波动。被公开暴露的表现最差者和没有公开暴露的表现最差者所报告的羞愧强度保持相似的趋势直到公开暴露程序($p=0.389$)。在公开暴露程序后，被公开暴露的表现最差者报告最强程度的羞愧情感,而没有被公开暴露的表现最差者报告的羞愧情感出现急剧下降($p=0.003$)。这张图说明公开暴露显著增加表现最差者的羞愧情感,而对羞愧情感的厌恶能够解释表现最差者避免公开暴露的行为。

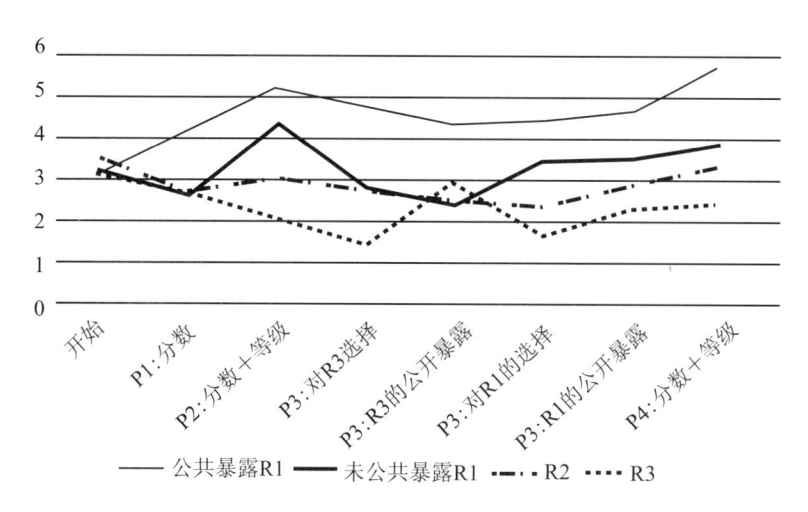

图 3-2　根据第 3 节排名划分,实验参与者报告的快乐强度(所有实验组)

图 3-2 描述,根据所有实验组中实验参与者在第 3 节的排名进行划分,他们在实验中所报告的快乐情感强度。在实验的开始,所有实验参与者报告相似的快乐强度(Mann-Whitney 检验,$p=0.881$)。受到公开暴露的表现最佳者报告一个更高的快乐强度,这种趋势在表现最好者在其他实验参与者面前公开暴露后表现得特别明显($p=0.001$)。图 3-2 显示受到公开暴露的表现最好者的快乐强度显著增加,这表明表现最好者从公开暴露程序中获得强烈的快乐。表现最好者从他们正向映像的公开暴露中获得一个强烈快乐,但是他们仍旧选择支付费用以避免他们的公开暴露,对此现象的一个可能解释是,传统中国文化强调人们在取得成功的时候也应该保持低调。尽管人们内心渴望正向映像的公开暴露,但他们仍旧选择隐藏他们的成功。

对情感问卷中所收集数据的分析也对映像互惠的原因提供了直接证

据。人们从他们负向映像的公开暴露中感受到羞愧情感，因此他们回报那位努力避免他们负向映像公开暴露的人。相反人们从他们正向映像的公开暴露中获得快乐，这激励他们回报那位选择公开暴露他们正向映像的人。

结果 4：和基准实验组相比，实验参与者在存在映像互惠可能性的实验组中并没有降低他们的努力程度。

表 3-6 根据排名和实验组划分，实验参与者在不同节的表现

	第 1 节	第 2 节	第 3 节	第 4 节
所有实验参与者				
基准实验组	127.14 (11.41)	132.56 (14.93)	136.08 (16.64)	138.86 (17.64)
有映像互惠实验组	127.69 (15.86)	134.64 (16.60)	139.24 (18.06)	140.36 (18.86)
Mann-Whitney 检验	$p=0.749$	$p=0.321$	$p=0.147$	$p=0.607$
在第 2 节中排名 1				
基准实验组	134.42 (9.10)	143.25 (9.76)	145.92 (9.84)	148.71 (9.47)
有映像互惠实验组	139.26 (12.30)	147.65 (11.83)	150.83 (11.91)	152.17 (13.63)
Mann-Whitney 检验	$p=0.054^*$	$p=0.084^*$	$p=0.047^{**}$	$p=0.195$
在第 2 节中排名 2				
基准实验组	128.42 (7.05)	133.88 (8.77)	138.63 (7.59)	140.17 (8.43)
有映像互惠实验组	127.88 (11.06)	134.98 (9.93)	140.23 (10.78)	141.67 (11.25)
Mann-Whitney 检验	$p=0.681$	$p=0.544$	$p=0.593$	$p=0.465$
在第 2 节中排名 3				
基准实验组	118.58 (11.66)	120.54 (15.62)	123.71 (20.81)	127.71 (23.82)
有映像互惠实验组	115.92 (14.56)	121.27 (15.59)	126.65 (20.77)	127.26 (21.18)
Mann-Whitney 检验	$p=0.625$	$p=0.791$	$p=0.451$	$p=0.471$

注：括号中为标准差。

表 3-6 描述，根据实验参与者在第 2 节的排名和实验组分类，他们在每一节的努力程度。Mann-Whitney 检验被用来比较在基准实验组和具有映像互惠可能性的实验组中实验参与者的努力程度。传统理论预测

映像互惠可能性的存在使得实验参与者减少了努力，因为他们理性预期到其他实验参与者更加愿意避免当他们表现最差时的公开暴露。然而检验显示，实验参与者在具有映像互惠可能性的三个实验组中投入的努力程度和在基准实验组中投入的努力程度近似。对在第2节中获得排名3的实验参与者，他们在存在映像互惠可能性的实验组中甚至投入了更多的努力。实验参与者没有通过降低在存在映像互惠可能性的实验组中的努力程度来利用潜在利益，而这个事实不支持努力投入假设。

3.6　讨论和结论

本章提供人们愿意回报其他人在保护映像方面的善意行为的经验证据。除此之外，人们也表现出非直接映像互惠行为——尽管人们并不是映像善意行为的直接受益者，他们仍旧愿意回馈那位对第三方展现映像善意行为的人。公开暴露显著增加表现最好者的正向映像，并恶化表现最差者的负向映像。我们将此影响归咎于人们的内在情感波动。自我报告的情感问卷表明受到公开暴露的表现最差者感觉羞愧，而受到公开暴露的表现最佳者感觉到快乐。因此人们避免一个人负向映像公开暴露或者公开表扬一个人正向映像的决定会被认为是善意行为，而这导致其他人的正向互惠行为。

我们并没有发现负向映像互惠行为。人们更加愿意增加其他人的正向映像或者避免其他人的负向映像，而不是破坏其他人的正向映像。这意味着人们更加愿意从事道德正确的行为而不愿从事道德错误的行为。破坏一个人映像所带来的潜在较高道德成本能够解释这种行为差异。

除此之外，实验参与者并没有在存在映像互惠可能性的三个实验组中降低了他们的努力程度以利用映像互惠的潜在利益。可能的解释是映像互惠的发生要看表现最差者是否在任务中足够努力。为表明他们不是懒惰的，所以他们仍旧在存在映像互惠可能性的三个实验组中保持努力。

本章将映像互惠行为包括在对人们社会行为的分析中。人们在映像领域的互惠行为反映了人类社会的复杂性。映像互惠的发生依赖于人们的意愿，这和人们不只在乎其他人选择的结果而且在意其他人行为动机的研究相一致(Rabin，1993；Dufwenberg and Kichsteiger，2004；Falk and Fischbacher，2006)。本章在一次互动和完全信息情况下探讨映像互惠行为。在动态互动和不完全信息条件下的映像互惠行为将是对本研究的一个未来自然拓展。

附录1：羞愧—表扬实验组实验说明

感谢你参加本次决策实验，在整个实验过程中禁止和其他实验参与者进行交谈。

首先我们要求你描述你现在的感受。你的屏幕将显示一列共10种情感。对于每种情感，我们要求你选择从1～7间(包括1和7)的一个数值来描述你现在的感受程度。

所选择的数值越高意味着你更加强烈地感受到这种情感。例如，选择数值1表示你完全没有感受到一点这种情感。相反地，选择数值7表明你非常强烈地感受到了这种情感。介于两者之间的数值则表示某种中间程度的感受。

对任何一种情感选择不需要花太多时间；简单选择一个数字——能最恰当描述你当前感受即可。

10种情感如下：

——我感到愤怒

——我感觉受到轻视

——我感到害羞

——我感到嫉妒

——我感到难过

——我感到高兴

——我感到内疚

——我感到感激

——我感到害怕

——我感到宽慰

接下来的实验由几个小节组成。在完成每小节后,你将收到下一小节的实验说明。在这些小节中,你获得金钱数额的多少取决于你及其他与你进行互动的实验参与者的行为。在整个实验中,你的收入将会以ECU(实验货币单位)来表示。在实验结束之后,你所获得的ECU总收入将是你在每小节所获得收入的总和。这些收入将会以如下比例被兑换成人民币:

10 ECU＝1元人民币

在实验结束之后,你的收入将会以现金形式单独地付给你。

第1节

在这一小节开始以及整个实验中,实验参与者将会每三个人组成一队。你们队中的成员组成将会在整个实验过程中保持固定。你不知道你们队其他成员的身份。

在这一小节,我们要求你在4分钟中执行一项任务,这项任务是用你的鼠标移动苹果到篮子中去。

每一个移动到篮子里的苹果将会增加你的分数一个单位。你当前的分数(例如,当前篮子中苹果的数量)和剩余时间将会在你的屏幕上一直显示。

4分钟之后,你的屏幕将会显示在这一小节你的分数。但你不知道你队中其他两位成员的分数。在这一小节你将获得100 ECU。

在开始执行这个任务之前,你将有2分钟时间来练习这个任务。在练习中的表现将不会被计入你在这一小节的成绩。

在这一小节的结尾,你的电脑屏幕上将会出现一个需要你描述当前感受的问卷。

如果你对本实验说明有任何问题，请举手。我们将会单独地回答你的问题。

第 2 节

在这一小节，你队中成员的组成和前一小节是一样的。

我们要求你在 4 分钟时间里在你的电脑上执行相同的任务。在这一小节，你将获得 100 ECU。

和前面一节不同的是，在 4 分钟结束之后，你的屏幕将会显示本小节你的分数和你在队中的排名。

排名 1 将会给予队中获得最高分数的成员。

排名 3 将会给予队中获得最低分数的成员。

排名 2 将会给予队中获得中间分数的成员。

如果两位或者三位队中成员分数相同，成员的排名将会被随机地决定。

你将会被告知你队中其他两位成员获得的分数和排名。

最后，你的电脑屏幕上将会出现一个需要你描述当前感受的问卷。

如果你对本实验说明有任何问题，请举手。我们将会单独地回答你的问题。

第 3 节

在这一小节，你队中成员的组成和前面的小节是一样的。

我们要求你在 4 分钟时间里在你的电脑上执行与之前相同的任务。在这一小节，你将会获得 100 ECU。

4 分钟之后，你的屏幕将会显示你的分数和你在队中的排名，队中其他两位成员获得的分数和排名。

和前面的小节不同的是每一队中获得排名 3 的实验参与者（获得最低分数的）将会被要求起立，一个接一个地走到房间的前面，然后再返回他们的座位。

然而，你通过你的决定改变这个既定程序。在被告知获得的排名之后，也即获得排名 3 的实验参与者（获得最低分数的）被要求站到房间前面之前，你可决定是否采用这个既定程序，或者你更倾向于队中获得排名 3 的成员不用被要求走到房间前面。

——如果你愿意采用既定程序，选择"确认"；

——如果你不希望队中获得排名 3 的成员被叫到房间前面，选择"不用起立"并确认你的决定。

如果队中至少有两位成员选择"不用起立"，你队中获得排名 3 的成员将不会被要求起立并被房间中其他实验参与者知道。在这种情况下，选择"不用起立"的成员每人将会付 10 ECU 的成本，这会从他们本小节的收入中扣除。

其他无论何种情况，都采用既定程序，队中获得排名 3 的成员将会被叫到房间前面，然后再返回他们的座位。队中所有成员的收入将不会发生改变。

你将被告知你队中每一个成员的决定，以及他们所获得的分数和排名。

在你做了决定之后以及获得排名 3 的实验参与者回到他们的座位后，你的电脑屏幕上将会出现一个需要你描述当前感受的问卷。

接着，你可决定是采用既定程序，或者你更倾向于队中获得排名 1 的成员（获得最高分数的）被邀请到房间前面并接受所有实验参与者的鼓掌。

——如果你愿意采用既定程序（排名 1 的成员不用起立），选择"确认"；

——如果你愿意队中获得排名 1 的成员被邀请到房间前面，选择"起立"并确认你的决定。

如果队中至少有两位成员选择"起立"，获得排名 1 的成员将会被邀请到房间前面并接受大家的鼓掌，然后回到自己的座位。在这种情况下，选择"起立"的成员将会付 10 ECU 的成本，这会从他们本小节的收入中扣除。

其他任何情况都采用既定程序，你队中获得排名1的成员将不会被邀请走到房间前面。队中所有成员的收入将不会发生改变。

你将被告知你组中每一个成员的决定，以及他们所获得的分数和排名。

在你做出了决定之后以及所有获得排名1的实验参与者回到座位之后，你的电脑屏幕上将会出现一个需要你描述当前感受的问卷。

如果你对本实验说明有任何问题，请举手。我们将会单独地回答你的问题。

理解性问卷

我们要求你回答以下问题：

1. 根据既定程序

☐ 只有获得排名3的需要起立

☐ 只有获得排名1的需要起立并且接受鼓掌

☐ 当获得排名3的必须要起立时，获得排名1的也必须要起立并接受鼓掌

☐ 获得排名1的和获得排名3的都需要起立，但只有排名1的接受鼓掌

2. 如果_____，获得排名3的将不用起立。

☐ 队中一个成员选择"不用起立"

☐ 队中两个成员选择"不用起立"

☐ 队中三个成员选择"不用起立"

3. 如果_____，获得排名1的将起立。

☐ 队中一个成员选择"起立"

☐ 队中两个成员选择"起立"

☐ 队中三个成员选择"起立"

4. 如果我选择"不用起立"来避免排名 3 起立，_____，10 ECU 将会被从我的收入中减去。

☐ 无论队中其他成员的选择

☐ 队中两个成员或三个成员选择"不用起立"

第 4 节

这一小节的规则和第 2 节相同。

我们要求你执行相同的任务用时 4 分钟。在这一小节你将会得到 100 ECU。

4 分钟之后，你的屏幕将会显示你的分数和这一节中你在队中的排名。你将被告知你队中其他两位成员分别获得的分数和排名。

接着，你的电脑屏幕上将会出现一个需要你描述当前感受的问卷。

最后你将被要求填写一个实验后问卷，然后被邀请进入付款房间完成支付。

附录 2：表扬—羞愧实验组实验说明

感谢你参加本次决策实验，在整个实验过程中禁止和其他实验参与者进行交谈。

首先我们要求你描述你现在的感受。你的屏幕将显示一列共 10 种情感。对于每种情感，我们要求你选择从 1~7（包括 1 和 7）的一个数值来描述你现在的感受程度。

所选择的数值越高意味着你更加强烈地感受到这种情感。例如，选择数值 1 表示你完全没有感受到一点这种情感。相反地，选择数值 7 表明你非常强烈地感受到了这种情感。介于两者之间的数值则表示某种中间程度的感受。

对任何一种情感选择不需要花太多时间；简单选择一个数字——能最恰当描述你当前感受即可。

10 种情感如下：

——我感到愤怒

——我感觉受到轻视

——我感到害羞

——我感到嫉妒

——我感到难过

——我感到高兴

——我感到内疚

——我感到感激

——我感到害怕

——我感到宽慰

接下来的实验由几个小节组成。在完成每小节后，你将收到下一小节的实验说明。在这些小节中，你获得的金钱数额的多少取决于你及其他与你进行互动的实验参与者的行为。在整个实验中，你的收入将会以ECU（实验货币单位）来表示。在实验结束之后，你所获得的ECU总收入将是你在每一小节所获得收入的总和。这些收入将会以如下比例被兑换成人民币：

10 ECU＝1 元人民币

在实验结束之后，你的收入将会以现金形式单独地付给你。

第 1 节

在这一小节开始以及整个实验中，实验参与者将会每三个人组成一队。你们队中的成员组成将会在整个实验过程中保持固定。你不知道你们队其他成员的身份。

在这一小节，我们要求你在 4 分钟内执行一项任务，这项任务是用你的鼠标移动苹果到篮子中去。

每一个移动到篮子里的苹果将会增加你的分数一个单位。你当前的分数（例如，当前篮子中苹果的数量）和剩余时间将会在你的屏幕上一直显示。

4分钟之后，你的屏幕将会显示在这一小节你的分数。但你不知道你队中其他两位成员的分数。在这一小节你将获得 100 ECU。

在开始执行这个任务之前，你将有 2 分钟的时间来练习这个任务。在练习中的表现将不会被计入你在这一小节的成绩。

在这一小节的结尾，你的电脑屏幕上将会出现一个需要你描述当前感受的问卷。

如果你对本实验说明有任何问题，请举手。我们将会单独地回答你的问题。

第 2 节

在这一小节，你队中成员的组成和前一小节是一样的。

我们要求你在 4 分钟时间里在你的电脑上执行相同的任务。在这一小节，你将会获得 100 ECU。

和前面一节不同的是，在 4 分钟结束之后，你的屏幕将会显示本小节你的分数和你在队中的排名。

排名 1 将会给予队中获得最高分数的成员。

排名 3 将会给予队中获得最低分数的成员。

排名 2 将会给予队中获得中间分数的成员。

如果两位或者三位队中成员分数相同，成员的排名将会被随机地决定。

你将会被告知你队中其他两位成员获得的分数和排名。

最后，你的电脑屏幕上将会出现一个需要你描述当前感受的问卷。

如果你对于本实验说明有任何问题，请举手。我们将会单独地回答你的问题。

第 3 节

在这一小节，你队中成员的组成和前面的小节是一样的。

我们要求你在 4 分钟时间里在你的电脑上执行与之前相同的任务。

在这一小节，你将会获得 100 ECU。

4 分钟之后，你的屏幕将会显示你的分数和你在队中的排名，队中其他两位成员获得的分数和排名。

和前面的小节不同的是每一队中获得排名 1 的实验参与者（获得最高分数的）可能会被邀请依次起立，走到房间前面并接受大家的鼓掌，然后再返回他们的座位。

接下来，每一队中获得排名 3 的实验参与者（获得最低分数的）可能会被邀请起立，依次走到房间前面，然后再返回他们的座位。

然而，你可通过你的决定改变这个既定程序。事实上，在被告知获得的排名之后，你可决定是否更倾向于队中获得排名 1 的成员（获得最高分数的）被邀请到房间前面并接受所有实验参与者的鼓掌。

——如果你愿意采用既定程序（排名 1 的成员不用起立），选择"确认"；

——如果你愿意队中排名 1 的成员被邀请到房间前面并接受大家鼓掌，选择"起立"并确认你的决定。

如果队中至少有两位成员选择"起立"，获得排名 1 的成员将会被邀请到房间前面并接受大家的鼓掌，然后回到自己的座位。在这种情况下，选择"起立"的成员将会付 10 ECU 的成本，这会从他们本小节的收入中扣除。

其他无论何种情况，都采用既定程序，队中获得排名 1 的成员不会被叫到房间前面。队中所有成员的收入将不会发生改变。

你将被告知你队中每一个成员的决定，以及他们所获得的分数和排名。

在你做了决定之后以及获得排名 1 的实验参与者回到他们的座位后，你的电脑屏幕上将会出现一个需要你描述当前感受的问卷。

然而，你可决定是否采用这个既定程序，或者你更倾向于队中获得排名 3 的成员（获得最低分数的）不用被要求依次走到房间前面，然后再回到座位。

——如果你愿意采用既定程序，选择"确认"；

——如果你不希望队中获得排名 3 的成员被叫到房间前面，选择"不用起立"并确认你的决定。

如果队中至少有两位成员选择"不用起立"，你队中获得排名 3 的成员将不会被要求起立并被房间中其他实验参与者知道。在这种情况下，选择"不用起立"的成员每人将会付 10 ECU 的成本，这会从他们本小节的收入中扣除。

其他无论何种情况，都采用既定程序。队中获得排名 3 的成员将会被叫到房间前面。队中所有成员的收入将不会发生改变。

你将被告知你队中每一个成员的决定，以及他们所获得的分数和排名。

在你做了决定之后以及获得排名 3 的实验参与者回到他们的座位后，你的电脑屏幕上将会出现一个需要你描述当前感受的问卷。

如果你对本实验说明有任何问题，请举手。我们将会单独地回答你的问题。

理解性问卷

我们要求你回答以下问题：

1. 根据既定程序

□只有获得排名 3 的需要起立

□只有获得排名 1 的需要起立并且接受鼓掌

□当获得排名 3 的必须要起立时，获得排名 1 的也必须要起立并接受鼓掌

□获得排名 1 的和获得排名 3 的都需要起立，但只有排名 1 的接受鼓掌

2. 如果_____，获得排名 1 的将起立。

☐队中一个成员选择"起立"

☐队中两个成员选择"起立"

☐队中三个成员选择"起立"

3. 如果_____，获得排名 3 的将不用起立。

☐队中一个成员选择"不用起立"

☐队中两个成员选择"不用起立"

☐队中三个成员选择"不用起立"

4. 如果我选择"不用起立"来避免排名 3 起立，_____，10 ECU 将会被从我的收入中减去。

☐无论队中其他成员的选择

☐队中两个成员或三个成员选择"不用起立"

第 4 节

这一小节的规则和第 2 节相同。

我们要求你执行相同的任务用时 4 分钟。在这一小节你将会得到 100 ECU。

4 分钟之后，你的屏幕将会显示你的分数和这一节中你在队中的排名。你将被告知你队中其他两位成员分别获得的分数和排名。

接着，你的电脑屏幕上将会出现一个需要你描述当前感受的问卷。

最后你将被要求填写一个实验后问卷，然后被邀请进入付款房间完成支付。

附录3：羞愧—避免表扬实验组实验说明

感谢你参加本次决策实验，在整个实验过程中禁止和其他实验参与者进行交谈。

首先我们要求你描述你现在的感受。你的屏幕将显示一列共 10 种情感。对于每种情感，我们要求你选择从 1~7（包括 1 和 7）的一个数值来描述你现在的感受程度。

所选择的数值越高意味着你更加强烈地感受到这种情感。例如，选择数值 1 表示你完全没有感受到一点这种情感。相反地，选择数值 7 表明你非常强烈地感受到了这种情感。介于两者之间的数值则表示某种中间程度的感受。

对任何一种情感选择不需要花太多时间；简单选择——一个数字能最恰当描述你当前感受即可。

10 种情感如下：

——我感到愤怒

——我感觉受到轻视

——我感到害羞

——我感到嫉妒

——我感到难过

——我感到高兴

——我感到内疚

——我感到感激

——我感到害怕

——我感到宽慰

接下来的实验由几个小节组成。在完成每小节后，你将收到下一小节的实验说明。在这些小节中，你获得的金钱数额的多少取决于你及其他与你进行互动的实验参与者的行为。在整个实验中，你的收入将会以 ECU（实验货币单位）来表示。在实验结束之后，你所获得的 ECU 总收入将是你在每一小节所获得收入的总和。这些收入将会以如下比例被兑换成人民币：

10 ECU＝1 元人民币

在实验结束之后，你的收入将会以现金形式单独地付给你。

第1节

在这一小节开始以及整个实验中,实验参与者将会每三个人组成一队。你们队中的成员组成将会在整个实验过程中保持固定。你不知道你们队其他成员的身份。

在这一小节,我们要求你在4分钟内执行一项任务,这项任务是用你的鼠标移动苹果到篮子中去。

每一个移动到篮子里的苹果将会增加你的分数一个单位。你当前的分数(如当前篮子中苹果的数量)和剩余时间将会在你的屏幕上一直显示。

4分钟之后,你的屏幕将会显示在这一小节你的分数。但你不知道你队中其他两位成员的分数。在这一小节你将获得100 ECU。

在开始执行这个任务之前,你将有2分钟的时间来练习这个任务。在练习中的表现将不会被计入你在这一小节的成绩。

在这一小节的结尾,你的电脑屏幕上将会出现一个需要你描述当前感受的问卷。

如果你对本实验说明有任何问题,请举手。我们将会单独地回答你的问题。

第2节

在这一小节,你队中成员的组成和前一小节是一样的。

我们要求你在4分钟时间里在你的电脑上执行相同的任务。在这一小节,你将获得100 ECU。

和前面一节不同的是,在4分钟结束之后,你的屏幕将会显示本小节你的分数和你在你队中的排名。

排名1将会给予队中获得最高分数的成员。

排名3将会给予队中获得最低分数的成员。

排名2将会给予队中获得中间分数的成员。

如果两位或者三位队中成员分数相同,成员的排名将会被随机地决定。

你将会被告知你队中其他两位成员获得的分数和排名。

最后,你的电脑屏幕上将会出现一个需要你描述当前感受的问卷。

如果你对本实验说明有任何问题,请举手。我们将会单独地回答你的问题。

第 3 节

在这一小节,你队中成员的组成和前面的小节是一样的。

我们要求你在 4 分钟时间里在你的电脑上执行与之前相同的任务。在这一小节,你将获得 100 ECU。

4 分钟之后,你的屏幕将会显示你的分数和你在队中的排名,队中其他两位成员获得的分数和排名。

和前面的小节不同的是每一队中获得排名 3 的实验参与者(获得最低分数的)将会被要求起立,一个接一个地走到房间的前面,然后再返回他们的座位。

接下来,每一队中获得排名 1 的实验参与者(获得最高分数的)将会被要求起立,一个接一个地走到房间前面接受全体实验参与者的鼓掌,然后返回他们的座位。

然而,你可通过你的决定改变这个既定程序。在被告知获得的排名之后,也即获得排名 3 的实验参与者(获得最低分数的)被要求站到房间前面之前,你可决定是否采用这个既定程序,或者你更倾向于队中获得排名 3 的成员不用被要求走到房间前面。

——如果你愿意采用既定程序,选择"确认";

——如果你不希望队中获得排名 3 的成员被叫到房间前面,选择"不用起立"并确认你的决定。

如果队中至少有两位成员选择"不用起立",你队中获得排名 3 的成员将不会被要求起立并被房间中其他实验参与者知道。在这种情况下,选择"不用起立"的成员每人将会付 10 ECU 的成本,这会从他们本小节的收入中扣除。

其他无论何种情况，都采用既定程序，队中获得排名3的成员将会被叫到房间前面，然后再返回他们的座位。队中所有成员的收入将不会发生改变。

你将被告知你队中每一个成员的决定，以及他们所获得的分数和排名。

在你做了决定之后以及获得排名3的实验参与者回到他们的座位后，你的电脑屏幕上将会出现一个需要你描述当前感受的问卷。

接着，你可决定是采用既定程序，或者你更倾向于队中获得排名1的成员（获得最高分数的）不被邀请到房间前面并接受所有实验参与者的鼓掌。

——如果你愿意采用既定程序，选择"确认"；

——如果你不愿意队中排名1的成员被邀请到房间前面，选择"不用起立"并确认你的决定。

如果队中至少有一位成员选择"不用起立"，获得排名1的成员将不会被邀请到房间前面，也不会被其他实验参与者认识。在这种情况下，选择"不用起立"的成员将会付10 ECU的成本，这会从他们本小节的收入中扣除。

其他任何情况都采用既定程序，你队中获得排名1的成员将会被邀请走到房间前面，接下来他或她在接受大家的鼓掌后返回他们的座位。队中所有成员的收入将不会发生改变。

你将被告知你组中每一个成员的决定，以及他们所获得的分数和排名。

在你做出了决定之后以及所有获得排名1的实验参与者回到座位之后，你的电脑屏幕上将会出现一个需要你描述当前感受的问卷。

如果你对本实验说明有任何问题，请举手。我们将会单独地回答你的问题。

理解性问卷

我们要求你回答以下问题：

1. 根据既定程序

☐ 只有获得排名 3 的需要起立

☐ 只有获得排名 1 的需要起立

☐ 当获得排名 3 的必须要起立时，获得排名 1 的也必须要起立

☐ 获得排名 1 的和获得排名 3 的都需要起立

2. 如果_____，获得排名 3 的将不用起立。

☐ 队中一个成员选择"不用起立"

☐ 队中两个成员选择"不用起立"

☐ 队中三个成员选择"不用起立"

3. 如果_____，获得排名 1 的将不用起立。

☐ 队中一个成员选择"不用起立"

☐ 队中两个成员选择"不用起立"

☐ 队中三个成员选择"不用起立"

4. 如果我选择"不用起立"来避免排名 3 起立，_____，10 ECU 将会被从我的收入中减去。

☐ 无论队中其他成员的选择

☐ 队中两个成员或三个成员选择"不用起立"

第 4 节

这一小节的规则和第 2 节相同。

我们要求你执行相同的任务用时 4 分钟。在这一小节你将会得到 100 ECU。

4分钟之后,你的屏幕将会显示你的分数和这一节中你在队中的排名。你将被告知你队中其他两位成员分别获得的分数和排名。

接着,你的电脑屏幕上将会出现一个需要你描述当前感受的问卷。

最后你将被要求填写一个实验后问卷,然后被邀请进入付款房间完成支付。

结　论

本书包括研究人的风险态度和他们迁移状况的一章和探讨人们是否愿意牺牲物质成本以维护自己或其他人映像及是否在映像方面展现互惠行为的两章构成。

探讨风险态度对理解劳动力迁移和其他经济、社会行为是极为重要的。风险态度被认为和人们的主观因素有关,并且能够回溯到不同类型的不确定性。除了固定概率风险和不确定性概率风险外,在一些情况下,不确定性还来源于其他的竞争者——人们在工作市场上寻找工作,得到一份工作的可能性不仅仅取决于他们自己的申请决策而且也取决于其他求职者的申请决策。探讨风险态度并分辨出哪类不确定性能够解释人们的行为对阐明经济和社会行为是重要的。

在另外两章,我们研究社会映像的影响——人们是否在意其他人如何看待他们的行为。社会映像和同行压力在激励人们努力程度方面是重要工具。社会映像这种影响力的原因可以归因为人们可以从自尊中获得效用。如果人们知道维护自己和其他人的脸面是极其重要的,特别是在公开场合的时候,那第一个问题则是人们是否愿意牺牲他们的部分金钱收入来"拯救"自己或其他人的脸面。对他们自己或者其他人负面映像公开暴露的选择可以使得我们观察他们在物质收入和映像效用之间的权衡。人们牺牲自己的金钱利益来避免其他人糟糕表现的公之于众也加深了我们对亲社会性的理解。接着我们进一步探讨同一群体认同/不同群体认同对人们维护其他人脸面的选择是否有影响。最后,我们研究对某个人糟糕表现的公开暴露是否会减少他未来的努力。

本书最后一个探讨的问题是人们是否回报他人的在映像方面的善意行为或者惩罚他人在映像方面的恶意行为,人们在非金钱领域互动的可能性如何影响人们的努力程度。人们在经济和社会交往中经常在物质领域表现出互惠行为,考虑其他人的物质利益导致其他人更高的回报,而不考虑其他人的物质利益则招致其他人的报复。和第 2 章的发现相一致,本书第 3 章拓展对映像领域互惠行为的研究。如果人们有机会避免某人的尴尬,并且他们选择牺牲个人物质利益这么做,是否那个人会回报这样的善行?如果没有这么做,是否那个人选择惩罚这样的非善意行为?确实映像互惠行为的发生表明效用函数包括映像的重要性。人们不只是在金钱领域表现出互惠行为,而且也在非金钱领域比如映像方面也表现出互惠行为。

本书第 1 章是一个分别在中国东部和中国西部六个不同地点进行的田野实验。我们招募三类实验参与者参于实验,实验参与者是:(1)城市中的外出迁移者;(2)有很多外出迁移人员地区的留守者;(3)有很少外出迁移人员地区的留守者。我们分别诱导他们对固定概率不确定性,不确定概率不确定性和策略不确定性的风险偏好,然后通过调查问卷收集他们的人口特征。我们的田野实验表明外出迁移者在策略不确定上有最高的风险态度,而居住在有很多外出迁移人员地区的留守者在策略不确定性上有较低的风险态度。这意味着外出迁移看上去是一个自选择过程,具有较高策略不确定性的居民选择外出迁移到其他地区,而具有较低策略不确定性的居民选择待在他们的家乡。中国东部的居民和中国西部的居民在固定概率风险和不确定性风险上表现出不同的风险态度。对这个发现的解读是经济制度能够塑造人们的风险态度——居住在中国东部的居民更加习惯机会和财富的变动。而这种差异的原因可以归咎于中国渐进的市场经济改革首先在中国东部开启。

在第 2 章,实验参与者需要做是否牺牲部分金钱收入来避免自己或其他队员由于在真实努力任务中表现糟糕而导致的负面映像公开暴露的选择。为检验社会距离是否会影响实验参与者的选择，群体认同在实验中被引入。我们的研究结果表明，表现较差者对公开暴露的厌恶是显著的。而且相当比例的实验参与者在其他人陷入这种尴尬情形时表现出同情并选择支付费用以避免他们的公开暴露。维护其他人映像的意愿是稳定的，和队中队员群体认同的构成无关。

研究互惠行为是否在映像方面出现。人们是否回报他人在映像方面的善意行为并且惩罚他人的非善意行为？为检验映像互惠，在我们的设置中，实验参与者能够公开表扬在前一阶段选择避免表现较差者公开暴露的成员，或者维护在前一阶段选择公开表扬表现较好者成员的映像。为检验映像方面的非直接互惠行为，实验参与者可以公开表扬某位在前一阶段选择维护第三方映像的成员，或者避免在前一阶段选择公开表扬第三方的成员的负面映像受到公开暴露。我们进一步探讨对映像互惠的期望是否使得人们在真实任务中表现出策略性行为。首先，我们发现人们在正向领域表现出直接映像互惠的证据。人们在某位成员前一阶段映像善意行为基础上，倾向于公开表扬他们或者避免他们负面映像的暴露。其次，我们发现在正向领域存在非直接映像互惠。如果某成员对第三方表现出映像善意行为，人们更愿意表扬他或者避免他糟糕表现的公开暴露。从问卷中收集的情感数据证实映像互惠行为源自实验参与者的情感波动。受到公开暴露的表现最差者体验羞愧情感，而公开表扬提高表现最好者的快乐情感。所以一个人尝试避免其他人的暴露或者表扬表现最好者会被认为是善意行为，而这导致其他人的正向回馈。

本书的三章尝试对理解风险态度和社会映像做出贡献。尽管本书对当前文献做出了重要的贡献，然而在很多方面仍然值得进一步探索。

在第1章，尽管风险态度和外出迁移的相关性被揭示，然而两者之间的因果关系仍然是模糊的。策略不确定性可以揭示人们的外出迁移决策，但是反向因果关系也可能成立——外出迁移经历可能重塑外出迁移者在策略不确定性上的风险态度。和农村留守者相比，外出迁移者的工作和生活确实是充满策略不确定性和竞争的环境。对风险态度和外出迁移间这种内生联系的厘清是一个有趣且仍然还没有答案的问题。收集外出迁移时间不同的外出迁移者和他们的工作及生活环境详细信息的大样本数据对填补这项研究空白是一个关键。

在第 2 章，我们回答人们是否愿意牺牲个人成本以维护自己或其他人的映像。本章的一个拓展是，人们愿意支付多少钱来维护自己或者其他人的映像？除此之外，自然可以猜想，相比某位和他们具有较远社会距离的人，人们更加担心在他们的亲戚或者朋友面前负向映像受到公开暴露。所以一个有趣的问题是探讨人们愿意付出多少货币成本以维护自己映像是否随被谁知道而定？

研究在映像方面的互惠行为。在我们的实验设计中，互动是一次性和完全信息条件下的。对本章的一个可能拓展是探讨在多次互动条件下，人们是否在映像方面表现出互惠行为，以及在动态条件下，对映像互惠的考量如何影响人们在任务中投入的努力。另外一个值得深入探讨的问题是，当人们不知道某成员在前一阶段对映像暴露的选择时，是否人们仍会选择回报他们。这种不对称信息设计可以使得我们更好理解映像互惠的发生是否依赖于其他人行为的动机。

参考文献

[1] Abbink, Klaus and Dona Harris. 2012. "In-group favouritism and out-group discrimination in naturally occurring groups." Discussion Paper 616, University of Oxford.

[2] Adams, Dominic, Michael A. Hogg, and José Marques (Eds.). 2004. *The Social Psychology of Inclusion and Exclusion*, New-York: Psychology Press.

[3] Akerlof, George A. and Rachel E. Kranton. 2000. "Economics and identity." *Quarterly Journal of Economics*, Vol. 115, No. 3, pp. 715-53.

[4] Alesina, Alberto and Nicola Fuchs-Schundeln. 2007. "Good-bye Lenin (or not): the effect of communism on people's preferences." *American Economic Review*, Vol. 97, No. 4, pp. 1507-28.

[5] Alpizar, Francisco, Fredrik Carlsson and Olof Johansson-Stenman. 2008. "Anonimity, reciprocity and conformity: evidence from voluntary contributions to a national park in Costa Rica." *Journal of Public Economics*, Vol. 92, No. 5-6, pp. 1047-60.

[6] Andersen, Steffen, Glenn W. Harrison, Morten I. Lau, and Elisabet E. Rutström. 2008. "Eliciting risk and time preferences." *Econometrica*, Vol. 76, No. 3, pp. 583-618.

[7] Andreoni, James, and John Miller. 2002. "Giving according to GARP: an experimental test of the consistency of preferences for altruism."*Econometrica*, Vol. 70, No. 2, pp. 737-53.

[8] Ariely, Dan, Anat Bracha and Stephan Meier. 2009. "Doing good or doing well? image motivation and monetary incentives in behaving prosocially."*American Economic Review*, Vol. 99, No. 1, pp. 544-55.

[9] Barankay, Iwan. 2012. "Rank incentives: evidence from a randomized workplace experiment." Working Paper University of Pennsylvania.

[10] Bault, Nadege, Giorgio Coricelli and Aldo Rustichini. 2008. "Interdependent utilities: how social ranking affects choice behavior", *Plosone*, 3, e3477.

[11] Baumeister, Roy F., Jennifer D. Campbell, Joachim I. Krueger and Kathleen D. Vohs. 2005. "Exploding the self-esteem myth." *Scientific American*, Vol. 292, pp. 84-91.

[12] Benabou, Roland, and Jean Tirole. 2003. "Incentives and extrinsic motivation."*Review of Economic Studies*, Vol. 70, No. 3, pp. 489-520.

[13] Benabou, Roland and Jean Tirole. 2006. "Incentive and prosocial behavior."*American Economic Review*, Vol. 96, No. 5, pp. 1652-78.

[14] Ben-Ner, Avner, Brian P. McCall, Stephane Massoud, and Hua Wang. 2009. "Identity and in-group/out-group differentiation in work and giving behaviors: experimental evidence." *Journal of Economic Behavior & Organization*, Vol. 72, No. 1, pp. 153-70.

[15] Beresford, Alastair, Dorothea Kubler, and Sören Preibusch. 2012. "Unwillingness to pay for privacy: A field experiment."*Economics

Letters, Vol. 117, No. 1, pp. 25-7.

[16] Berg, Joyce, John Dickhaut and Kevin McCabe. 1995. "Trust, reciprocity and social history." *Games and Economic Behavior*, Vol. 10, No. 1, pp. 122-42.

[17] Bernhard, Helen, Ernst Fehr, and Urs Fischbacher. 2006. "Group affiliation and altruistic norm enforcement." *American Economic Review*, Vol. 96, No. 2, pp. 217-21.

[18] Blanco, Mariana, Dirk Engelmann, Hans Theo Normann. 2011. "A Within-Subject Analysis of Other-Regarding Preferences." *Games and Economic Behavior*, Vol. 72, No. 2, pp. 321-38.

[19] Blumenstock, Joshua, Nathan Eagle and Marcel Fafchamps. 2011. "Risk and reciprocity over the mobile phone network: evidence from Rwanda." CSAE working paper.

[20] Bohnet, Iris, and Bruno Frey. 1999. "The sound of silence in prisoner's dilemma and dictator games." *Journal of Economic Behavior & Organization*, Vol. 38, No. 1, pp. 43-57.

[21] Borjas, George J. 2001. "Does immigration grease the wheels of the labor market." *Brookings Papers on Economic Activity*, Vol. 2001, No. 1, pp. 69-119.

[22] Bowles, Samuel, and Herbert Gintis. 2004. "Persistent parochialism: trust and exclusion in ethnic networks." *Journal of Economic Behavior & Organization*, Vol. 55, No. 1, pp. 1-23.

[23] Boyd, Monica. 1989. "Family and personal networks in international migration: recent developments and new agendas." *International Migration Review*, Vol. 23, No. 3, pp. 638-70.

[24] Bradler, Christiane, Robert Dur, Susanne Neckermann, and Arjan Non. 2013. "Employee recognition and performance: a field

experiment." CESifo Working Paper 4164. Available at SSRN: http://ssrn.com/abstract=2243458.

[25] Brandenburger, Adam. 1996. "Strategic and structural uncertainty in games." In Richard Zeckhauser, Ralph Keeney, and James Sebenius (Eds.), *Wise Choices: Games, Decisions, and Negotiations*. Harvard Business School Press: Boston, pp. 221-32.

[26] Brosig-Koch, Jeannette, Christoph Helbach, Axel Ockenfels and Joachim Weimann. 2011. "Still different after all these years: solidarity behavior in east and west Germany." *Journal of Public Economics*, Vol. 95, No. 11-12, pp. 1373-76.

[27] Brucker, Herbert and Elke J. Jahn. 2011. "Migration and wage-setting: reassessing the labor market effects of migration." *Scandinavian Journal of Economics*, Vol. 113, No. 2, pp. 286-317.

[28] Bryan, Gharad, Shyamal Chowdhury, and Ahmed Mushfiq Mobarak. 2012. "Seasonal migration and risk aversion." CEPR Discussion Papers No. 8739.

[29] Buchan, Nancy R., Rachel Croson, and Eric J. Johnson. 2006. "Let's get personal: an international examination of the influence of communication, culture and social distance on other regarding preferences." *Journal of Economic Behavior & Organization*, Vol. 60, No. 3, pp. 373-98.

[30] Camerer, Colin and Dan Lovallo. 1999. "Overconfidence and excess entry: an experimental approach." *American Economic Review*, Vol. 89, No. 1, pp. 306-18.

[31] Cappelen, Alexander W., Trond Halvorsen, Erik Ø. Sørensen, and Bertil Tugodden. 2012. "Face-saving or fair-minded: What

motivates moral behavior?" Working Paper, Norwegian School of Economics, Bergen.

[32] Carpenter, Jeffrey and Caitlin Knowles Myers. 2010. "Why volunteer? evidence on the role of altruism, image, and incentive." *Journal of Public Economics*, Vol. 94, No. 11-12, pp. 911-20.

[33] Chang, Hui-Ching and G. Richard Holt. 1994. "A Chinese perspective on face as inter-relational concern." In S. Ting-Toomey and D. Cushman (Eds.), The challenge of facework (pp. 95-132). Albany: State University of New York Press.

[34] Chakravarty, Surajeet, and Miguel A. Fonseca. 2011. "The effect of social fragmentation on public good provision: an experimental study." Discussion Paper 1207, Exeter University.

[35] Charness, Gary and Angelino Viceisza. 2011. "Comprehension and risk elicitation in the field: evidence from rural senegal." IFPRI Discussion Paper No. 01135.

[36] Charness, Gary, Ernan Haruvy and Doron Sonsino. 2007. "Social distance and reciprocity: an internet experiment." *Journal of Economic Behavior & Organization*, Vol. 63, No. 1, pp. 88-103.

[37] Charness, Gary and Mattew Rabin. 2002. "Understanding social preferences with simple tests." *Quarterly Journal of Economics*, Vol. 117, No. 3, pp. 817-69.

[38] Charness, Gary, Luca Rigotti, and Aldo Rustichini. 2007. "Individual behavior and group membership." *American Economic Review*, Vol. 97, No. 4, pp. 1340-52.

[39] Charness, Gary, and Uri Gneezy. 2008. "What's in a name? anonymity and social distance in dictator and ultimatum games." *Journal of Economic Behavior & Organization*, Vol. 68, No. 1,

pp. 29-35.

[40] Charness, Gary, David Masclet, and Marie Claire Villeval. 2014. "The dark side of competition for status." *Management Science*, Vol. 60, No. 1, pp. 38-55.

[41] Chen, Yan, and Sherry Xin Li. 2006. "Group Identity and Social Preferences." *American Economic Review*, Vol. 99, No. 1, pp. 431-57.

[42] Chen, Yiu Por. 2005. "Skill-sorting, self-selectivity, and immigration policy regime change: two surveys of Chinese graduate students' intention to study abroad." *American Economic Review Papers and Proceedings*, Vol. 95, No. 2, pp. 66-70.

[43] Chen, Yuyu, Ginger Zhe Jin, and Yang Yue. 2010. "Peer migration in China." NBER Working Paper No. 15671.

[44] Chiswick, Barry R. 1986. "Is the new immigration less skilled than the old." *Journal of Labor Economics*, Vol. 4, No. 2, pp. 168-92.

[45] Conroy, Hector V. 2009. "Risk aversion, income variability, and migration in rural Mexico." California Center for Population Research, UCLA, working draft.

[46] Constant, Amelie F., Annabelle Krause, Ulf Rinne and Klaus F. Zimmermann. 2011. "Economic preferences and attitudes of the unemployed: are natives and second generation migrants alike" *International Journal of Manpower*, Vol. 32, No. 7, pp. 825-51.

[47] Coricelli, Giorgio, Elena Rusconi and Marie Claire Villeval. 2014. "Tax evasion and emotions: an empirical test of re-integrative shaming theory." *Journal of Economic Psychology*, Vol. 40, pp. 49-61.

[48] Coricelli, Giorgio, Mateus Joffily, Claude Montmarquette and Marie

Claire Villeval. 2010. "Cheating, emotions, and rationality: an experiment on tax evasion." *Experimental Economics*, Vol. 13, No. 2, pp. 226-47.

[49] Cornee, Simon and Ariane Szafarz. 2012. "Social banks and reciprocity in the credit market: evidence from Europe." working paper.

[50] Croson, Rachel, and Uri Gneezy. 2009. "Gender differences in preferences." *Journal of Economic Literature*, Vol. 47, No. 2, pp. 448-74.

[51] Cueva, Carlos and Roberta Dessi. 2012. "Charitable giving, self-image and personality." working paper.

[52] Czaika, Mathias. 2012. "Migrations in times of uncertainty—on the role of economic prospects." DEMIG Project Paper No. 11, International Migration Institute, University of Oxford.

[53] Dana, Jason, Daylian M. Cain and Robyn M. Dawes. 2006. "What you don't know won't hurt me: costly (but quiet) exit in dictator games." *Organization Behavior and Human Decision Processes*, Vol. 100, No. 2, pp. 193-201.

[54] David, P. A. 1974. "Fortune, risk and the microeconomics of migration." *Nations and households in economic growth*, New York, NY: Academic Press, pp. 21-88.

[55] Dohmen, Thomas, Armin Falk, David Huffman, Uwe Sunde, Jurgen Schupp and Gert G. Wagner. 2005. "Individual risk attitudes: new evidence from a large, representative, experimentally-validated survey." IZA Discussion Paper No. 1730, Bonn.

[56] Dohmen, Thomas, Armin Falk, David Huffman, Uwe Sunde, Jurgen Schupp, and Gert G. Wagner. 2011. "Individual risk attitudes: measurement, determinants, and behavioral consequences." *Journal of*

the European Economic Association, Vol. 9, No. 3, pp. 522-50.

[57] Dufwenberg, Martin and Georg Kichsteiger. 2004. "A theory of sequential reciprocity." *Games and Economic Behavior*, No. 47, No. 2, pp. 268-98.

[58] Dufwenberg, Martin, Uri Gneezy, Werner Guth, and Eric van Damme. 2001. "Direct vs. indirect reciprocity: an experiment." *Homo Oeconomicus*, Vol. 43, pp. 19-30.

[59] Dustmann, Christian. 1997. "Return migration, uncertainty and precautionary savings." *Journal of Development Economics*, Vol. 52, No, 2, pp. 295-316.

[60] Eckel, Catherine C., and Philip J. Grossman. 2005. "Managing diversity by creating team identity", *Journal of Economic Behavior & Organization*, Vol. 58, No. 3, pp. 371-92.

[61] Eckel, Catherine C., Enrique Fatas, and Rick Wilson. 2010. "Cooperation and status in organizations." *Journal of Public Economic Theory*, Vol. 12, No. 4, pp. 737-62.

[62] Ellingsen, Tore and Magnus Johannesson. 2007. "Paying respect." *Journal of Economic Perspectives*, Vol. 21, No. 4, pp. 135-50.

[63] Ellingsen, Tore, and Magnus Johannesson. 2008a. "Pride and prejudice: the human side of incentive theory." *American Economic Review*, Vol. 98, No. 3, pp. 990-1008.

[64] Ellingsen, Tore, and Magnus Johannesson. 2008b. "Anticipated verbal feedback induces altruistic behaviour." *Evolution and Human Behaviour*, Vol. 29, No. 2, pp. 100-05.

[65] Ellsberg, Daniel. 1961. "Risk, ambiguity and the savage axioms." *Quarterly Journal of Economics*, Vol. 75, No. 4, pp. 643-69.

[66] Engelmann, Dirk and Urs Fischbacher. 2009. "Indirect reciprocity

and strategic reputation building in an experimental helping game." *Games and Economic Behavior*, Vol. 67, No. 2, pp. 399-407.

[67] Eriksson, Tor, Lei Mao and Marie Claire Villeval. 2014. "Saving face: an experiment on image and group identity", working paper.

[68] Eriksson, Tor, and Marie Claire Villeval. 2011. "Respect and relational contracts." *Journal of Economic Behavior & Organization*, Vol. 81, No. 1, pp. 286-98.

[69] Ewers, Mara, and Florian Zimmermann. 2012. "Image and misreporting." IZA Discussion Paper 6425, Bonn.

[70] Falk, Armin. 2007. "Gift exchange in the field." *Econometrica*, Vol. 75, No. 5, pp. 1501-11.

[71] Falk, Armin and Urs Fischbacher. 2006. "A theory of reciprocity." *Games and Economic Behavior*, Vol. 54, No, 2, pp. 293-315.

[72] Fehr, Ernst, Erich Kirchler, Andreas Weichbold and Simon Gachter. 1998. "When social norms overpower competition: gift exchange in experimental labor markets." *Journal of Labor Economics*, Vol. 16, No. 2, pp. 324-51.

[73] Fehr, Ernst, Georg Kirchsteiger and Arno Riedl. 1998. "Gift exchange and reciprocity in competitive experimental markets." *European Economic Review*, Vol. 42, No. 1, pp. 1-34.

[74] Fehr, Ernst, and Klaus M. Schmidt. 1999. "A theory of fairness, competition and cooperation." *Quarterly Journal of Economics*, Vol. 114, No. 3, pp. 817-68.

[75] Fehr, Ernst, Simon Gachter and George Kirchsteiger. 1997. "Reciprocity as a contract enforcement device: experimental evidence." *Econometrica*, Vol. 65, No. 4, pp. 833-60.

[76] Fehr, Ernst, and Urs Fischbacher. 2003. "The nature of human

altruism." *Nature*, Vol. 425, pp. 785-91.

[77] Fehr, Ernst, Urs Fischbacher and Elena Tougareva. 2002. "Do high stakes and competition undermine fairness? evidence from Russia." working paper.

[78] Fehr, Ernst, Urs Fischbacher and Simon Gachter, 2002, "Strong reciprocity, human cooperation and the enforcement of social norms", *Human Nature*, Vol. 13, pp. 1-25.

[79] Feri, Francesco, Caterina Gianetti, and Nicola Jentzsch. 2013. "Disclosure of personal information under risk of privacy shocks." mimeo, DIW Berlin.

[80] Fershtman, Chaim, and Uri Gneezy. 2001. "Discrimination in a segmented society: an experimental approach." *Quarterly Journal of Economics*, Vol. 116, No. 1, pp. 351-77.

[81] Filiz-Ozbay, Emel and Erkut Y. Ozbay. 2010. "Social image in public goods provision with real effort." working paper.

[82] Fox, Craig R. and Amos Tversky. 1995. "Ambiguity aversion and comparative ignorance." *Quarterly Journal of Economics*, Vol. 110, No. 3, pp. 585-603.

[83] Gachter, Simon and Armin Falk. 2002. "Reputation and reciprocity: consequences for the labour relation." *Scandinavian Journal of Economics*, Vol. 104, No. 1, pp. 1-26.

[84] Gachter, Simon and Benedikt Herrmann. 2009. "Reciprocity, culture and human cooperation: previous insights and a new cross-cultural experiment." *Philosophical Transactions of the Royal Society*, Vol. 364, No. 1518, pp. 791-806.

[85] Gibson, John and David McKenzie. 2009. "The microeconomic determinants of emigration and return migration of the best and

brightest: evidence from the Pacific." *Journal of Development Economics*, Vol. 95, No. 1, pp. 18-29.

[86] Giles, John, 2006. "Is life more risky in the open? household risk-coping and the opening of China's labor markets." *Journal of Development Economics*, Vol. 81, No. 1, pp. 25-60.

[87] Gneezy, Uri, and Aldo Rustichini. 2000. "A fine is a price." *Journal of Legal Studies*, Vol. 29, No. 1, pp. 1-17.

[88] Goette, Lorenz, David Huffman and Stephan Meier. 2006. "The impact of group membership on cooperation and norm enforcement: evidence using random assignment to real social groups." *American Economic Review*, Vol. 96, No. 2, pp. 212-16.

[89] Goette, Lorenz, David Huffman and Stephan Meier. 2012a. "The impact of social ties on group interactions: evidence from minimal groups and randomly assigned real groups." *American Economic Journal: Microeconomics*, Vol. 4, No. 1, pp. 101-15.

[90] Goette, Lorenz, David Huffman, Stephan Meier, and Matthias Sutter. 2012b. "Competition between organizational groups: its impact on altruistic and anti-social motivations." *Management Science*, Vol. 58, No. 5, pp. 948-60.

[91] Goffman, Erving. 2005. *Interaction Ritual: Essays in Face-to-Face Behavior*. Aldine Transaction.

[92] Guala, Francesco, Luigi Mittone, and Matteo Ploner. 2013. "Group membership, team preferences and expectations." *Journal of Economic Behavior & Organization*, 86, pp. 183-90.

[93] Guiso, Luigi, and Monica Paiella. 2006. "The role of risk aversion in predicting individual behavior." In Pierre-André Chiappori and Christian Gollier (Eds.), *Insurance: Theoretical Analysis and*

Policy Implications. MIT Press: Cambridge.

[94] Hargreaves-Heap, Shaun P., and Daniel J. Zizzo. 2009. "The value of groups." *American Economic Review*, Vol. 99, No. 1, pp. 295-323.

[95] Harris, Donna, Benedikt Herrmann, and Andreas Kontoleon. 2009. "Two's company, there's a group: the impact of group identity and group size on in-group favouritism." *CeDex Discussion Paper* 2009-13, Nottingham.

[96] Harris, Donna, Benedikt Herrmann, and Andreas Kontoleon. 2012. "When to favour your own group? the threats of costly punishments and in-group favoritism." Discussion Paper 628, University of Oxford.

[97] Harris, John R. and Michael P. Todaro. 1970. "Migration, unemployment and development: a two-sector analysis." *American Economic Review*, Vol. 60, No. 1, pp. 126-42.

[98] Heitmueller, Axel. 2005. "Unemployment benefits, risk aversion, and migration incentives." *Journal of Population Economics*, Vol. 18, pp. 93-112.

[99] Herbst, Luisa, Kai A. Konrad, and Florian Morath. 2012. "Endogenous group formation in experimental contests." *Working Paper of the Max Planck Institute for Tax Law and Public Finance* 2012-10. Available at SSRN: http://ssrn.com/abstract=2166206.

[100] Ho, David Yau-fai. 1976. "On the concept of face." *the American Journal of Sociology*, Vol. 81, No. 4, pp. 867-84.

[101] Hofstede, Geert H., 1980. *Culture's Consequences*. Berkeley: University of California Press.

[102] Holt, Charles A. and Laury, Susan K. 2002. "Risk aversion and incentive effects." *American Economic Review*, Vol. 92, No. 5, pp. 1644-55.

[103] Hopfensitz, Astrid and Ernesto Reuben. 2009. "The importance of emotions for the effectiveness of social punishment." *the Economic Journal*, Vol. 119, No. 540, pp. 1534-59.

[104] Hu, Hsien Chin. 1944. "The Chinese concept of 'face'." *American Anthropologist*, Vol. 46, No. 1, pp. 45-64.

[105] Hugh-Johns, David, and David Reinstein. 2010. "Losing Face." Jena Working Paper 2013-68.

[106] Hwang, Kwang-kuo. 1987. "Face and favor: the Chinese power game." *American Journal of Sociology*, Vol. 92, No. 4, pp. 944-74.

[107] Irlenbusch, Bernd and Dirk Sliwka. 2005. "Transparency and reciprocal behavior in employment relations." *Journal of Economic Behavior & Organization*, Vol. 56, No. 3, pp. 383-403.

[108] Jaeger, David A., Holger Bonin, Thomas Dohmen, Armin Falk, David Huffman, and Uwe Sunde. 2010. "Direct evidence on risk and migration." *Review of Economics and Statistics*, Vol. 92, No. 3, pp. 684-89.

[109] James, Andreoni and B. Douglas Bernheim. 2009. "Social image and the 50-50 norm: a theoretical and experimental analysis of audience effects." *Econometrica*, Vol. 77, No. 5, pp. 1607-36.

[110] Johansson-Stenman, Olof, and Henrik Svedsater. 2012. "Self-image and valuation of moral goods: stated versus real willingness to pay." *Journal of Economic Behavior & Organization*, Vol. 84, No. 3, pp. 879-91.

[111]Johansson-Stenman, Olof and Peter Martinsson. 2006. "Honestly, why are you driving a BMW?"*Journal of Economic Behavior & Organization*, Vol. 60, No. 2, pp. 129-46.

[112]Johansson-Stenman, Olof and Svedsater Henrik. 2012, "Self-image and valuation of moral goods: stated versus actual willingness to pay." *Journal of Economic Behavior & Organization*, Vol. 84, No. 3, pp. 879-91.

[113]John, Leslie K., Alessandro Acquisti, George F. Loewenstein. 2009. "The best of strangers: context dependent willingness to divulge personal information." available at SSRN: http://ssrn.com/abstract=1430482.

[114]Kahneman, Daniel, and Amos Tversky. 1979. "Prospect theory: an analysis of decision under risk."*Econometrica*, Vol. 47, No. 2, pp. 263-91.

[115]Kato, Takao, and Pian Shu. 2013. "Competition and social identity in the workplace: evidence from a Chinese textile Firm." *Harvard Business School Working Paper* 14-011.

[116]Katz, Eliakim, and Oded Stark. 1986. "Labor migration and risk aversion in less developed countries." *Journal of Labor Economics*, Vol. 4, No. 1, pp. 134-49.

[117]Katz, Eliakim and Oded Stark. 1987. International migration under asymmetric information." *The Economic Journal*, Vol. 97, No. 387, pp. 718-26.

[118]Kirchler, Erich, Ernst Fehr and Robert Evans. 1996. "Social exchange in the labor market: reciprocity and trust versus egoistic money maximization."*Journal of Economic Psychology*, Vol. 17, No. 3, pp. 313-41.

[119] Kollock, Peter. 1998. "Transforming social dilemmas: group identity and cooperation." in Peter A. Danielson, ed., *Modeling Rationality, Morality and Evolution*. Oxford: Oxford University Press, 186-210.

[120] Kosfeld, Michael, Susanne Neckermann. 2011. "Getting more work for nothing? symbolic awards and worker performance." *American Economic Journal: Microeconomics*, Vol. 3, No. 1, pp. 1-16.

[121] Koszegi, Botond. 2006, "Ego utility, overconfidence and task choice." *Journal of European Economic Association*, Vol. 4, No. 4, pp. 673-707.

[122] Kuhnen, Camelia M., and Agnieszka Tymula. 2012. "Feedback, self-esteem and performance in organizations." *Management Science*, Vol. 58, No. 1, pp. 94-113.

[123] Lacetera, Nicola, and Mario Macis. 2010. "Social image concerns and prosocial behavior: field evidence from a nonlinear incentive scheme." *Journal of Economic Behavior & Organization*, Vol. 76, No. 2, pp. 225-37.

[124] Leider, Stephen, Markus M. Mobius and Tanya Rosenblat. 2009. "Directed altruism and enforced reciprocity in social networks." *Quarterly Journal of Economics*, Vol. 124, No. 4, pp. 1815-51.

[125] Liang, Pinghan and Juanjuan Meng. 2013. "Love me, love my dog: an experimental study on social connections and indirect reciprocity." working paper.

[126] Lin, Justin Yifu, Fang Cai, and Zhou Lin. 1998. "Competition, policy burdens and state-owned enterprise reform." *American Economic Review*, Vol. 88, No. 2, pp. 422-27.

[127]Malamud, Ofer and Abigail Wozniak. 2012. "The impact of college on migration evidence from the Vietnam generation." *Journal of Human Resources*, Vol. 47, No. 4, pp. 913-50.

[128]Marechal, Michel Andre and Christian Thoni. 2007. "Do managers reciprocate? field experimental evidence from a competitive market." working paper.

[129]Masella, Paolo, Stephen Meier, and Philipp Zahn. 2012. "Incentives and group identity." IZA Discussion Paper 6815, Bonn.

[130] Mather, Mara, Nina Mazar, Marissa A. Gorlick, Nichole R. Lighthall, Jessica Burgeno, Andrej Schoeke, and Dan Ariely. 2012. "Risk preferences and aging: the "certainty effect" in older adults' decision making." *Psychology and Aging*, Vol. 27, No. 4, pp. 801-16.

[131]McKenzie, David, and Dean Yang. 2012. "Experimental aproaches in migration studies." In Carlos Vargas-Silva (ed.), *Handbook of Research Methods in Migration*. Edward Elgar: Cheltenham, pp. 249-70.

[132]Meng, Xin, Chris Manning, Shi Li, and Tadjuddin Nur Effendi (Eds.). 2010. *The Great Migration. Rural-Urban Migration in China and Indonesia*. Edward Elgar: Cheltenham.

[133]Mishra, Prachi. 2007. "Emigration and wages in source countries: evidence from Mexico." *Journal of Development Economics*, No. 82, pp. 180-99.

[134] Mora, Jorge and J. Edward Taylor. 2005. Determinants of Migration, Destination and Sector Choice: Disentangling Individual, Household and Community Effects. In Ca-glar Özden and Maurice Schiff (Eds.), *International Migration, Remittances, and the*

Brain Drain. New-York: Palgrave Macmillan, pp. 21-52.

[135] Mruk, Christopher J., 2006. *Self-Esteem Research, Theory, and Practice: Toward a Positive Psychology of Self-Esteem*. 3rd Edition. New-York: Springer.

[136] Munshi, Kaivan. 2003. "Networks in the modern economy: Mexican migrants in the U.S. labor market." *Quarterly Journal of Economics*, Vol. 118, No. 2, pp. 549-599.

[137] Ockenfels, Axel and Joachim Weimann. 1999. "Types and patterns: an experimental east-west-German comparison of cooperation and solidarity." *Journal of Public Economics*, Vol. 71, No. 2, pp. 275-87.

[138] Oswald, Andrew G., Eugenio Proto, and Daniel Sgroi. 2014. "Happiness and productivity." Forthcoming in *Journal of Labor Economics*.

[139] Pan, Xiaofei S., and Daniel Houser, 2011. "Competition for Trophies Triggers Male Generosity." *PLoS ONE* 6(4): e18050. doi:10.1371/journal.pone.0018050

[140] Pedersen, Peder J., Mariola Pytlikova and Nina Smith, 2008. "Selection or Network Effects? Migration Flows into 27 OECD Countries, 1990—2000." *European Economic Review*, Vol. 52, No. 7, pp. 1160-86.

[141] Qi, Xiaoying. 2011. "Face: a Chinese concept in a global sociology." *Journal of Sociology*, Vol. 47, No. 3, pp. 279-96.

[142] Rabin, Mattew. 1993. "Incorporating fairness into game theory and economics." *American Economic Review*, Vol. 83, No. 5, pp. 1281-1302.

[143] Redding, S. Gordon, and Michael Ng, 1982. "The Role of 'Face'

in the Organizational Perceptions of Chinese Managers", *Organization Studies*, 3(3), pp. 201-19.

[144] Sahota, Gian S. 1968. "An econometric analysis of internal migration in Brazil."*Journal of Political Economy*, Vol. 76, No. 2, pp. 218-45.

[145]Schwartz, Aba. 1976. "Migration, age and education."*Journal of Political Economy*, Vol. 84, No. 4, pp. 701-20.

[146] Sethi, Rajiv and E. Somanathan. 2003. "Understanding reciprocity." *Journal of Economic Behavior & Organization*, Vol. 50, No. 1, pp. 1-27.

[147]Smith, Richard H., J. Matthew Webster, W. Gerrod Parrott, and Heidi L. Eyre. 2002. "The role of public exposure in moral and nonmoral shame and guilt", *Journal of Personality and Social Psychology*, Vol. 83, No. 1, pp. 138-59.

[148] Spencer, Steven J., Steven Fein, Christine D. Lomore. 2001. "Maintaining one's self-image vis-à-vis others: the role of self-affirmation in the social evaluation of the self."*Motivation and Emotion*, Vol. 25, No. 1, pp. 41-65.

[149]Spencer-Oatey, Helen. 2007. "Theories of identity and the analysis of face."*Journal of Pragmatics*, Vol. 39, No. 4, pp. 639-56.

[150]Stark, Oded. 1981. "On the optimal choice of capital intensity in LDCs with migration."*Journal of Development Economics*, Vol. 9, No. 1, pp. 31-41.

[151]Stark, Oded and David E. Bloom. 1985. "The new economics of labor migration."*American Economic Review*, Vol. 75, No. 2, pp. 173-78.

[152]Stark, Oded and David Levhari. 1982. "On migration and risk in

LDCs." *Economic Development and Culture Change*, Vol. 31, No. 1, pp. 191-96.

[153] Stark, Oded and J. Edward Taylor. 1991. "Migration incentives, migration types: the role of relative deprivation." *Economic Journal*, Vol. 101, pp. 1163-78.

[154] Sjaastad, Larry A. 1962. "The Costs and Returns of Human Migration." *Journal of Political Economy*, Vol. 70, No. 5, pp. 80-93.

[155] Tadelis, Steven. 2008. "The power of shame and the rationality of trust." working paper.

[156] Tajfel, Henri, Michael G. Billig, Robert P. Bundy, and Claude Flament. 1971. "Social categorization and intergroup behavior." *European Journal of Social Psychology*, Vol. 1, No. 2, pp. 149-78.

[157] Tajfel, Henri, and John Turner. 1979. "An integrative theory of intergroup conflict." in William Austin and Stephen Worchel, Eds., *The Social Psychology of Intergroup Relations*, Monterey: CA, Brooks/Cole.

[158] Ting-Toomey, Stella, 2005. "The matrix of face: an updated face-negotiation theory." in W. B. Gudykunst, ed., *Theorizing about Intercultural Communication*. Thousand Oaks: Sage, 71-92.

[159] Tonin, Micro and Michael Vlassopoulos. 2013. "Experimental evidence of self-image concerns as motivation for giving." *Journal of Economic Behavior & Organization*, Vol. 90, pp. 19-27.

[160] Toubia, Olivier and Andrew T. Stephen. 2013. "Intrinsic versus image-related utility in social media: why do people contribute content to twitter?" *Marketing Science*, Vol. 32, No. 3, pp. 368-92.

[161] Tran, Ahn, and Richard Zeckhauser. 2012. "Rank as an incentive: evidence from a field experiment." *Mimeo Harvard University*.

[162] Umblijs, Janis. 2012. "The effect of networks and risk attitudes on the dynamics of migration." International Migration Institute Working Paper.

[163] Wang, Zhongmin. 2010. "Anonymity, social image, and the competition for volunteers: a case study of the online market for reviews", *the B. E. Journal of Economics Analysis & Policy*, Vol. 10, No. 1.

[164] Williams, Allan M., and Vladimir Baláž. 2012. "Migration, risk and uncertainty: theoretical perspectives." *Population, Space and Place*, Vol. 18, No. 2, pp. 167-180.

[165] Xiao, Erte and Daniel Houser. 2011. "Punish in public." *Journal of Public Economics*, Vol. 95, No. 7-8, pp. 1006-17.

[166] Yang, Kuo-Shu (ed.), 1989. *The Psychology of the Chinese*. Taipei China: Kui-Kuan Books.

[167] Zhao, Yaohui. 2003. "The role of migrant networks in labor migration: the case of China." *Contemporary Economic Policy*, Vol. 21, No. 4, pp. 500-11.

[168] Zheng, Jinghai, Xiaoxuan Liu and Arne Bigsten. 2003. "Efficiency, technical progress and best practice in Chinese state enterprises (1984—1994)." *Journal of Comparative Economics*, Vol. 31, No. 1, pp. 134-52.

[169] Zizzo, Daniel J., 2011. "You are not in my boat: common fate and discrimination against outgroup members", *International Review of Economics*, Vol. 58, No. 1, pp. 91-103.

后　记

完成本书是我生命中的一个里程碑！除了在撰写书籍中所遇到的困难，我诚挚地对那些帮助过我的人表达最真诚的感谢！

首先且最重要的，我想对我的博士导师——Marie Claire Villeval 教授表达我最深的感激。在她的严格和耐心指导下，我迈入实验经济学领域并且成长为该领域的一名青年研究者。她在我攻读博士的每一阶段贡献了她的经验和让人印象深刻的聪明智慧。在法国从事实验经济学博士研究的四年半不仅改变了我的研究领域，而且也拓展了我的研究视野。我的每一点进步都是她努力的结果。她的无私教育和指导使我明白作为一个学者的真正标准。除此之外，我非常感谢她对我实验的慷慨资助，否则我不能负担实验的花费并完成本书。

我要对李实教授和 Sylvie Demurger 教授表达我的特别感谢。没有他们，我将不会有机会在法国继续我的学业。由于北京师范大学经济与工商管理学院和法国 GATE 研究所搭建的合作关系，我能够将我的研究领域转向于实验经济学和行为经济学。我希望两个机构的合作关系能够长期保持并且持续产出丰硕成果。

我想感谢 Sylvain Ferriol 和 Raphaël Cautain 为我的实验编程，并且当我在中国进行实验的时候为我提供技术支持。特别的，我的实验程序是 Raphaël Cautain 逝世前的最后一项工作，我将永远怀念他。同时，感谢阮祥双、孙博和周汉帮我完成田野实验，感谢何婷婷、陈叶锋和鱼溯帮我完成两个实验室实验。我也要对田野实验和在大学进行的实验室实验的参与者表示感谢。

我也愿意对本书的合作者表示特别的感谢：Tor Eriksson 教授、郝丽助理教授、Daniel Houser 教授和 Marie Claire Villeval 教授。谢谢你们的杰出工作！我在和你们的合作工作中受益匪浅。

我也对 GATE 研究所的行政人员和技术人员表示特别的感谢，在 GATE 研究所的四年半时间里，你们帮助我解决了许多问题。除此之外，我对在 GATE 研究所的中国博士们表示感谢！我和徐慧、朱敏、万海远、戴志新、赵柘锦、姜树广和李育，每年一起组织中国新年聚会，并且和 GATE 研究所的其他同事们一起分享快乐。我还要感谢 Julie Rosaz，Julie Ing，M'hamed Helitim，Thierry Kalisa 和 Giancarlo Musto 等一起和我分享想法和信息。

本专著得到国家自然科学基金青年科学基金项目资助，项目名称是"你担心丢脸吗？一个对社会映像的实验研究"，项目批准号是 71602199。

谨以此书献给我的父母和在中国的其他亲友。我也对我的女友孙博和她的家人表示我最深的感谢！她在里昂的陪伴使得我在法国的生活多姿多彩并且不感到孤单。

毛 磊
记于法国里昂